Parlons Affaires

Annie Rouxeville

PARLONS AFFAIRES

An advanced course in French for business

Annie Rouxeville

Copyright © 1993 Sheffield Academic Press

Published by
Sheffield Academic Press Ltd
343 Fulwood Road
Sheffield S10 3BP
England

Cartoons by Nick Garner
Typeset by Sheffield Academic Press
and
Printed on acid-free paper in Great Britain
by The Alden Press
Oxford

British Library Cataloguing in Publication Data

Rouxeville, Annie
    Parlons Affaires
    I. Title
    448

ISBN 1-85075-388-1

TABLE DES MATIERES

INTRODUCTION

Le domaine de l'étude des langues est en pleine mutation: les dernières années ont vu maints changements dans l'importance que l'on accorde à l'acquisition des langues, dans la part accordée à la compétence orale et surtout dans la manière d'enseigner les langues. Le champ d'action des activités linguistiques n'a cessé de s'accroître et le monde des affaires figure à juste titre largement dans bon nombre de programmes d'études. Le marché unique européen apporte une note d'urgence pour tous, et les cours de français des affaires fleurissent à tous les niveaux.

Le présent ouvrage s'adresse à des étudiants jeunes ou adultes ayant atteint un niveau de français avancé mais qui ne sont pas spécialistes de l'économie ou du commerce. Il existe déjà bon nombre de livres de 'Français des Affaires', mais la majorité s'adressent à des étudiants dont les connaissances linguistiques sont de niveau intermédiaire. Par ailleurs les livres traitant, par exemple, de l'économie française, de l'entreprise ou du marketing, sont souvent rédigés en anglais à l'intention d'un public de spécialistes. Le linguiste n'y trouve pas son compte et est vite perdu dans des notions qui dépassent de loin le niveau généraliste. Le présent volume n'a pas la prétention de transformer des linguistes en gens d'affaires mais de leur offrir une introduction en français au monde de l'économie et du commerce, tout en améliorant leur compétence linguistique générale.

Chaque chapitre offre une introduction à une facette clairement définie du monde des affaires. Tout en essayant d'éviter les schématisations abusives et les exagérations grossières, ces chapitres ont pour but d'équiper des non-spécialistes pour la compréhension d'articles de presse, de vidéocassettes et matériaux divers relatifs à la vie des affaires. C'est à cette fin que les chapitres sont accompagnés de vocabulaire approprié et d'activités souvent orales centrées sur l'usage du registre des affaires. Aucun exercice de grammaire n'a été inclus car cet ouvrage s'adresse à des étudiants ayant une connaissance du français suffisante pour leur permettre de manier la langue de manière compétente et d'appliquer leurs connaissances à un contexte différent et plus spécifique que celui des études linguistiques générales. Les activités proposées sont de natures diverses (discussions, lettres, débats, traductions, jeux de rôles, compréhension, etc). L'accent a été mis sur le travail oral et sur la variété des exercices. Les textes situés en fin de chapitre visent à actualiser les connaissances acquises et à sensibiliser les étudiants aux problèmes commerciaux d'ordre national et international.

REMERCIEMENTS

L'auteur désire remercier les journaux et les revues qui ont bien voulu accorder la permission de reproduire les textes utilisés dans ce livre (voir ci-dessous) ainsi que les maisons Mercier et Vuitton, le Department of Trade and Industry, la Chambre de Commerce et d'Industrie de Paris, France Télécom et L'Institut National de la Statistique et des Etudes Economiques. Des remerciements sont également adressés à Monsieur J.L. Tanguy et Monsieur P. Guimon pour leur expertise professionnelle, Nick Garner pour sa contribution artistique et humoristique, Joëlle Rambaud et John Peak pour leur aide et leurs encouragements.

Capital, Epargne et Finance, L'Expansion, Informations Entreprises, Le Nouvel Observateur, Normandy News, Ouest-France, S.E.D.E.I.S.

* **Les mots ayant un astérisque dans le texte sont traduits dans la section *VOCABULAIRE* du même chapitre.**

I

ECONOMIE ET COMMERCE

QU'EST-CE QUE L'ECONOMIE?

L'Economie

Les civilisations de consommation sont dominées par les impératifs de l'économie. Impossible à la radio, à la télévision ou dans la presse d'échapper aux grands problèmes économiques de notre temps que sont le chômage, la récession, l'inflation. Telle est leur importance que ce sont souvent eux qui font et défont les gouvernements.

L'économie est l'étude de tout ce qui concourt à la production, à l'échange et à la distribution des richesses.

Il est évident que les répercussions de l'état économique d'un pays se manifestent dans la vie quotidienne de chacun. Depuis le début des années soixante le monde occidental est entré dans une ère de consommation de masse. Votre revenu* détermine vos possibilités de consommation, c'est-à-dire votre pouvoir d'achat* qui, à son tour, détermine votre niveau de vie, notion à la fois quantitative et qualitative. L'idée de bonheur y est souvent considérée comme synonyme des biens que l'on possède (voiture, télévision, magnétoscope, etc). Les sociétés de consommation* encouragent à posséder le plus possible et à renouveler régulièrement les biens de consommation, qui deviennent des signes visibles du succès de chacun, provoquant une demande qui fait tourner l'économie. La consommation devient un but en elle-même et touche presque tous les domaines de la vie quotidienne: les plus traditionnels, comme la nourriture, les vêtements, l'électroménager* ou les voitures, mais aussi des domaines qui semblent moins aisément commercialisables* et qui touchent aux valeurs de notre civilisation. Ainsi les loisirs et la détente deviennent objets de consommation avec les sports et les vacances organisées; les sentiments et la famille sont commercialisés* par les associations de rencontres personnelles et mariages. Même la religion est touchée, comme le montre l'exploitation de la fête de Noël.

Consumérisme

Face aux géants de l'industrie et à la force persuasive de la publicité, le consommateur fait figure de victime, car il est souvent ignorant des faits, des procédures et de ses droits. C'est pourquoi les **associations de consommateurs** se sont créées pour l'information et la protection du public.

Le consumérisme désigne

> l'organisation des consommateurs, la formation d'associations et le développement de leurs moyens d'information et d'action afin de faire reconnaître leurs droits.

> (J. Brémond et A. Gélédan)

Dénoncer le manque de fiabilité* de certaines voitures ou le fait que des textiles particuliers sont inflammables constitue donc un acte de consumérisme. Par des études objectives et des rapports comparant des produits similaires, les associations de consommateurs cherchent à équiper le public pour qu'il fasse des choix informés. Des indications sur le rapport qualité-prix* font fréquemment partie des études réalisées par ces associations. Ces dernières deviennent de plus en plus puissantes et couvrent des domaines de plus en plus étendus. Leurs intérêts sont souvent les mêmes que ceux de l'environnement. Ainsi les associations de consommateurs se battent pour des plages propres ou des emballages recyclables.

La Notion de Marché

Consommer, dans la plupart des cas, implique acheter et qui dit acheter implique dépenser. Une grande partie de votre revenu sera dépensée pour obtenir des biens de consommation, créant ainsi une **demande***. Celle-ci sera satisfaite par l'**offre***, créant ainsi un marché.

Un marché est la confrontation de l'offre et de la demande afin de réaliser des échanges de produits (ex. le marché du blé), de services (ex. le marché de l'information) ou de capitaux (ex. le marché des changes), qui s'équilibreront à un certain prix. C'est à ce stade que la concurrence—ou son absence—peut affecter les marchés et, en conséquence, les niveaux des prix.

Une **économie de marché*** est un système où les prix et la production dépendent essentiellement de la confrontation de l'offre et de la demande.

En revanche, on parle d'**économie planifiée**[*] lorsque l'économie est organisée d'après un plan.

L'état du marché est indissociable de la situation économique générale d'un pays et peut se représenter par les schémas ci-dessous qui montrent en fait une succession de causes et d'effets.

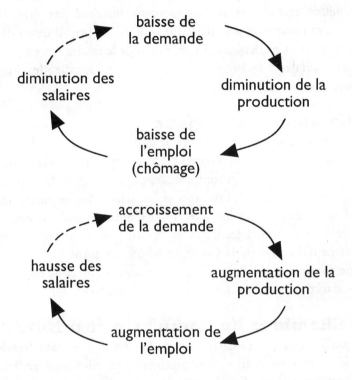

LE COMMERCE

Le commerce est l'ensemble des activités qui assurent le transfert des marchandises du lieu de leur production à leur lieu de consommation. Par extension, le commerce représente la science qui régit ces activités.

La Notion de Bénéfice

Le commerçant a un rôle d'intermédiaire entre le producteur et le consommateur. Il gagne sa vie en revendant à un prix plus élevé les marchandises qu'il a achetées, faisant ainsi un bénéfice[*].

Prix d'achat + bénéfice + taxes= prix de vente

Il arrive pour des raisons économiques que le commerçant revende au même prix que le prix d'achat, auquel cas il vend à 'prix coûtant'*. S'il est obligé de vendre pour un prix inférieur au prix d'achat, il vend 'à perte'*. Ce peut être le cas par exemple d'un commerçant qui veut se débarrasser de son stock pour gagner rapidement une somme d'argent.

Le bénéfice réalisé par le commerçant ne doit pas être considéré globalement comme sa propriété. De ce bénéfice brut il devra déduire les frais généraux*. Ces derniers peuvent couvrir le salaire des employés et les charges sociales*, le loyer et l'entretien des locaux, les impôts, les assurances, etc.

Le Commerce Extérieur

Par opposition au commerce intérieur qui se pratique dans le pays même, le commerce extérieur est l'ensemble des transactions sur marchandises que les résidents d'un pays font avec les pays étrangers. Les opérations de vente deviennent des exportations et les achats des importations. Etant donné la politique économique de la Communauté Européenne, qui consiste à faire tomber les barrières douanières* entre pays membres, le commerce d'un pays de la Communauté à un autre n'est pas considéré comme commerce extérieur. Pour éviter toute équivoque les économistes ont tendance à appeler ce dernier commerce international.

Les Chambres de Commerce et d'Industrie

Alors qu'à l'étranger les Chambres de Commerce ne sont fréquemment que de simples associations de commerçants, elles sont en France des établissements publics dont les membres sont élus par les commerçants et industriels locaux. Chaque département en compte au moins une. Leurs missions sont multiples: représenter les professions industrielles et commerciales auprès des pouvoirs publics et défendre leurs intérêts; informer leurs membres sur toutes les questions touchant à l'industrie et au commerce, y compris les changements en matière de législation; apporter toute aide nécessaire sur le plan technique, l'implantation* de nouvelles industries, l'exportation; enfin, elles ont une mission éducative en France et à l'étranger.

La Conjoncture

La conjoncture* est l'ensemble des variations à court terme qui déterminent la situation économique d'un pays.

Il ne faut pas confondre conjoncture et phénomène saisonnier. Ainsi en juillet le chômage a tendance à monter parce que beaucoup de jeunes quittent l'école sans avoir encore trouvé de travail, ou encore les ventes de chocolats sont très élevées en fin d'année. Ce sont là des phénomènes saisonniers qui entrent dans l'image complexe et mouvante de la conjoncture. Cette dernière comprend également les variations dans l'indice des prix*, l'inflation, la balance commerciale, le PIB et tout facteur de caractère socio-politique qui risque d'influer sur la situation économique (par exemple une guerre dans un pays producteur de pétrole).

La conjoncture est mauvaise en période de crise mais elle est dite bonne, ou favorable, lorsque l'inflation est basse, le taux d'emploi élevé, la croissance vigoureuse et la balance des paiements équilibrée ou excédentaire—en bref, en période d'expansion économique, qui va en général de pair avec une période de stabilité politique.

Une bonne connaissance de tous ces **indicateurs*** ou clignotants*, ainsi qu'une interprétation correcte des faits et chiffres portent en elles le germe des solutions aux problèmes économiques. Voilà pourquoi les hommes d'affaires, économistes et politiciens se penchent sur les données de la conjoncture publiées régulièrement dans la presse spécialisée, à grand renfort d'enquêtes et de statistiques dont la plupart sont réalisées par l'INSEE. Typiquement une étude de la conjoncture à une période donnée comprendra, outre une vue d'ensemble de la situation économique, une étude plus précise des facteurs suivants qui en sont les composantes:

- La production industrielle: recul? croissance? dans quelles branches de l'industrie?

- Les entreprises: y a-t il de grands investissements? le taux d'intérêt est-il trop élevé? les dépenses énergétiques sont-elles en baisse?

- Les ménages: la consommation de produits manufacturés est-elle en hausse ou en baisse? les revenus des ménages augmentent-ils ou stagnent-ils, c'est-à-dire quel est leur pouvoir d'achat?

- Les prix à la consommation.

- Emploi et chômage: le nombre des demandeurs d'emploi* est-il en hausse ou en baisse? dans quels secteurs? est-ce du chômage partiel?

nombre de licenciements* pour raisons économiques? nombre de créations d'emplois?

- Commerce extérieur: déficitaire* ou excédentaire*? Importations et exportations de produits manufacturés? importance du tourisme?

- Monnaie: hausse ou baisse de la monnaie nationale par rapport à d'autres monnaies?

L'étude de ces clignotants et des tendances de la conjoncture donne des indications précieuses pour établir des stratégies au niveau économique.

VOCABULAIRE

revenu (m) *income*
pouvoir d'achat (m) *purchasing power*
société de consommation (f) *consumer society*
électroménager (m) *household (electrical) appliances*
commercialisable *marketable*
commercialiser *to market*
fiabilité (f) *reliability*
rapport qualité-prix (m) *value for money*
demande (f) *demand*
offre (f) *supply*
économie de marché (f) *market economy*
économie planifiée (f) *planned economy*

bénéfice (m) *profit*
à prix coûtant *at cost price*
vendre à perte *to sell at a loss*
frais généraux (m pl) *general (running) costs, overheads*
charges sociales (f pl) *National Insurance contributions*
barrière douanière (f) *customs barriers*
implantation (f) *setting up, establishment of an industry*

conjoncture (f) *economic situation*
indice des prix (m) *price index*
indicateur (m) *indicator*
clignotant (m) *indicator*
demandeur d'emploi (m) *job-seeker*

licenciement économique (m) *redundancy*
déficitaire *loss-making*
excédentaire *(in) excess, (in) surplus*

Vocabulaire Complémentaire

L'économie peut être la science de l'économie (*economics*) ou représenter
l'état de l'économie d'un pays (*the economy*).

> • Exemples:
> —J'étudie le français et l'économie.
> —L'économie japonaise ne connaît pas la même récession que
>   l'Europe.

Une maison de commerce = un commerce (*firm, business*)
> Un fonds de commerce consiste en un magasin, ses aménagements, ses
> marchandises et sa clientèle.

> • Exemple:
> —fonds de commerce à vendre (*business for sale — as a going concern*).

Un Registre du Commerce est un registre tenu au greffe des Tribunaux de
Commerce et qui rend publique la situation juridique des commerçants.
Le numéro d'un commerçant sur le Registre de Commerce figure en
général à l'en-tête des lettres commerciales (voir chapitre 7).

ACTIVITES

1. L'économie et le commerce
    Quelle est la différence entre l'économie et le commerce?
    Donnez des exemples.

2. La conjoncture
    Cherchez les indicateurs de la conjoncture présente dans les
    journaux et revues dont vous disposez. Présentez vos résultats à
    votre groupe.

3. Consumérisme
    Donnez des exemples d'associations de consommateurs que vous
    connaissez dans votre pays. Que font-elles? Quels sont leurs
    objectifs? Comment procèdent-elles?

4.   Traduisez

a.   en anglais:

—La conjoncture n'a pas été encourageante au cours des derniers mois.

—Nous allons droit à la crise, à moins que le gouvernement ne prenne rapidement les mesures nécessaires.

—Le ralentissement de l'économie est une source d'inquiétude dans les milieux gouvernementaux.

—Il faudrait trouver des moyens de relancer la consommation.

—Ce que le consommateur exige, c'est un bon rapport qualité-prix.

b.   en français:

—The balance of payments is favourable.

—The country now seems on its way to recovery.

—Confidence cannot be restored overnight.

—The 60s were a boom period.

—According to retailers, business is picking up.

—Prices tend to fall when demand is lower than supply.

5.

La hausse des prix est maîtrisée en France, mais certaines professions dérapent

Depuis que le contrôle des prix a été supprimé, il y a cinq ans, de nombreux services aux particuliers en ont profité pour augmenter fortement leurs tarifs et rattraper le temps perdu. Un comportement qui empêche l'inflation de descendre en dessous de 3% en France.

Les cancres de l'inflation

Le 1er janvier 1987, le contrôle des prix en vigueur depuis la Seconde Guerre mondiale était supprimé. Cinq ans plus tard, Pierre Bérégovoy peut fêter cet anniversaire avec satisfaction en constatant qu'en 1991 l'inflation n'a été que de 3,1%. Pour lui l'affaire est entendue, la hausse des prix est «maîtrisée» puisque, chaque année, les variations de l'indice Insee se sont stabilisées autour de 3%. Mais pourquoi 3% et pas 2% ? Qu'est-ce qui empêche de faire mieux ?

Lorsqu'on regarde d'un peu plus près les différents postes composant le fameux indice, on s'aperçoit que de nombreux produits augmentent moins vite que la moyenne, et même que certains régressent. En revanche, les prix des services privés continuent depuis plusieurs années de progresser à un rythme sensiblement supérieur à celui des autres. Par exemple, en 1991, le prix du beurre est resté inchangé par rapport à 1990, celui des œufs n'a augmenté que de 1,3% et celui des fromages de 0,6% seulement. Mais, dans les restaurants, les additions ont bondi de 4,4%. Dans le commerce de détail, le ▶

▶ paquet de café en grains a chuté de 4.1%. Pourtant, dans les bistrots, le petit noir est servi 6% plus cher. Globalement, les prix des services destinés aux particuliers ont progressé de 25% en cinq ans contre 17% pour l'ensemble de la consommation et 13.5% pour les produits manufacturés. Pourquoi les services font-ils donc de la résistance ?

«Le prix des pommes de terre n'a aucune raison d'augmenter au même rythme que celui de la réparation automobile», répond Jean-Philippe Trogan, chef de la division Services à l'Insee. Il est vrai que, depuis quelques années, certains facteurs économiques tirent les prix des produits vers le bas. C'est en premier lieu le faible coût des matières premières. Les cours mondiaux des principaux produits de base sont orientés à la baisse depuis une dizaine d'années. En outre, la France a considérablement réduit sa dépendance pétrolière, notamment entre 1980 et 1985, grâce au développement du nucléaire. Deuxième facteur : les coûts salariaux dans l'industrie ont connu une décélération vigoureuse depuis le plan de rigueur mis en œuvre à la mi-1982 et la désindexation des salaires qui a suivi. Troisième élément : le retournement de la conjoncture internationale perceptible depuis 1990, la baisse de la demande contribuant à modérer l'augmentation des prix industriels. On observe ce phénomène particulièrement dans la sidérurgie, l'industrie automobile, la chimie de base (depuis la fin de 1989), l'industrie du verre, etc. Dans ce contexte, on comprend mieux pourquoi l'ordonnance du 1er janvier 1987 «relative à la liberté des prix et de la concurrence» prise par Edouard Balladur n'a pas entraîné le dérapage inflationniste que certains prévoyaient.

Le poids des coûts de main-d'œuvre n'explique pas tout

Dans l'ensemble, le «choc» a été bien encaissé, d'autant que la plupart des prix ont été libérés par étapes et que des engagements de modération ont été conclus avec les professionnels. Sur cette période, le contrôle des prix n'a dû être rétabli qu'à deux reprises et très temporairement : pour le carburant, au début de la crise du Golfe et, en Guadeloupe, après le cyclone Hugo.

Pourquoi les tarifs des services n'ont-ils pas suivi une évolution analogue ? Principalement pour trois raisons. La première tient à la part très importante des coûts de main-d'œuvre dans le prix de revient des activités tertiaires. «Dans les services, il est beaucoup plus difficile de substituer le capital au travail, à la différence du secteur industriel», souligne Jean-Philippe Trogan. De fait, de nombreuses études montrent le lien direct entre les augmentations périodiques du Smic et les hausses de prix dans certains domaines comme la distribution, l'hôtellerie ou l'entretien. Deuxième raison : les services auraient particulièrement pâti des mesures d'encadrement et de contrôle prises de 1945 à 1987. Du coup, une certaine «remise à niveau» serait nécessaire qui pourrait s'étaler sur plusieurs années. Dernière explication avancée : dans certains services, le progrès technique aurait entraîné une forte progression des investissements depuis 1987, ce qui serait à l'origine des augmentations de tarif constatées. Exemple : la réparation automobile, où le petit garage d'antan disparaît peu à peu pour laisser la place à des centres de réparation ultramodernes bourrés d'équipements sophistiqués.

Mais ces arguments ne sont pas tout à fait convaincants. Que les services soient gros consommateurs de main-d'œuvre est incontestable. Toutefois, il s'agit souvent de salariés sans qualification, payés au minimum et dont les rémunérations n'ont pas globalement augmenté plus que dans l'industrie. En outre, de nombreux services ont pu limiter leurs effectifs ou les diminuer en introduisant certains équipements, en particulier l'informatique. Mais, dans ce cas, les gains de productivité auraient dû modérer les hausses de prix. Quant à l'effet de rattrapage, même les pouvoirs publics admettent maintenant que le contrôle des prix n'a pas beaucoup gêné certaines activités tertiaires comme les cafés-hôtels-restaurants ou les garages. Alors, qu'en conclure ?

Lorsque l'on compare la situation en France et en Allemagne où les prix augmentent plus vite, on s'aperçoit qu'en 1991, l'indice des services a enregistré une hausse de 4.7% en Allemagne (supérieure de 0.5 point à la moyenne nationale) contre 4.2% chez nous (soit 1.1 point de plus que l'indice général). Selon Nicole Desprez, économiste à la division de l'information et des diagnostics conjoncturels à l'Insee, si les prix des services privés allemands évoluent plus en ligne avec les autres, «c'est en raison d'une meilleure concurrence et d'une organisation supérieure débouchant sur une plus grande productivité». D'ailleurs Pierre Bérégovoy, en commentant les bons résultats obtenus l'an dernier, a souligné les dérapages dans le domaine des services et annoncé une politique de concurrence plus active.

La flambée des prix des services a-t-elle une chance de s'atténuer un peu dans les mois qui viennent ? La liberté qui leur a été rendue en 1987 ayant coïncidé avec l'euphorie de la reprise, la langueur économique générale actuelle va-t-elle en retour contribuer à les calmer ?

a. Questions de compréhension:

—Quelles ont été récemment en France l'évolution des prix, des produits et celle des services?
—Pourquoi leur évolution est-elle différente?
—Comparez la situation en France à celle de l'Allemagne.
—Quelles sont les causes de la différence de performance économique entre ces deux pays?
—Quelle est la conséquence de l'augmentation du prix des services?

b. Expliquez les termes suivants: les services, la désindexation, la restauration, la sidérurgie, le SMIC, la flambée des prix.

c. Résumez le texte en 200 mots.

II

LA SITUATION ECONOMIQUE FRANÇAISE

L'EXPANSION D'APRES-GUERRE

La Relance de l'Economie

La fin de la seconde guerre mondiale a marqué pour la France l'un des points les plus bas de son histoire économique. Victorieuse, la France l'était sans doute, mais au prix d'un affaiblissement général: sa population était diminuée et appauvrie, ses villes détruites, son économie en lambeaux. Dès la Libération l'objectif numéro un est la relance* de l'économie. A partir de 1947 l'état joue un rôle central par l'élaboration de plans successifs qui sont à l'origine d'une expansion économique rapide, progressive et durable.

Parallèlement à celle-ci, l'état encourage une poussée démographique remarquable assortie d'un programme de reconstruction des logements. Malgré une forte inflation, qui est une des causes de la dévaluation du Franc en 1968, la croissance est forte pendant la période d'après-guerre et se traduit au niveau des ménages par une augmentation régulière du pouvoir d'achat. Des enquêtes réalisées dans les années 50, 60 et 70 révèlent des chiffres en hausse rapide pour les biens de consommation tels que voitures, machines à laver et téléphones, signes d'un niveau de vie croissant dans une population de plus en plus urbanisée.

Les plans successifs ont assuré une reconstruction de la France, une modernisation de ses structures économiques et un aménagement* progressif du territoire. Même si les objectifs de ces plans n'ont pas toujours été atteints et n'ont pas reçu l'approbation unanime des Français, il n'en reste pas moins vrai que la période d'après-guerre se caractérise par une vaste expansion économique, qui est la plus importante et la plus longue qu'ait connue la France.

L'Adhésion au Marché Commun

Traditionnellement centrée sur elle-même, la France de l'après-guerre devient plus consciente de son appartenance à la communauté internationale et adapte son économie, non plus seulement au marché intérieur, mais aussi à la concurrence internationale. Plus que tout autre phénomène, l'adhésion de la France à la CEE en 1957 indique la nouvelle volonté d'abandonner son isolationnisme traditionnel pour s'intégrer à un système de vocation internationale.

LA CRISE DE 1973 ET LA RECESSION

La perspective d'intégration à l'Europe a des avantages indéniables à long terme mais rend la France plus vulnérable aux fluctuations économiques et financières internationales. L'année 1973 va ainsi marquer un tournant dans l'expansion économique française, qui accuse les contrecoups des perturbations dans le Système Monétaire International et du phénomène de flottement* des monnaies devenu courant depuis 1973.

Le Choc Pétrolier de 1973 et ses Conséquences

Alors que l'Europe importe 63% de ses besoins en pétrole des pays de l'OPEP, l'année 1973 voit le prix du baril de pétrole quadrupler.

L'économie française éprouvait déjà des difficultés. La production devait faire face à la concurrence de nouveaux pays industrialisés (NPI) tels que Hong-Kong et la Corée du Sud, où la main-d'oeuvre* à bon marché et la vaste production industrielle permettent des prix nettement inférieurs à ceux de biens de consommation comparables fabriqués en France. L'industrialisation massive et la commercialisation agressive du Japon rendent la concurrence particulièrement dangereuse dans les domaines de l'électronique, l'audiovisuel et l'industrie automobile. La crise du pétrole de 1973 va s'ajouter à ces facteurs et avoir un effet déstabilisant considérable. Elle a concouru en grande part au ralentissement de la croissance économique française. Les conséquences inévitables de la crise sont apparues vers le milieu des années 70 avec un accroissement marqué et soutenu de l'inflation et du chômage, phénomènes typiques d'une période de récession.

LE CHOMAGE EN FRANCE

1975: 760 000

1981: 1 645 000

1987: 2 600 000 (INSEE)

1992: 2 860 000 (Ministère du Travail)

Malgré un niveau de vie qui reste élevé par rapport à celui d'autres pays européens, la France des années 80 connaît une période de récession à laquelle plusieurs gouvernements successifs essaient de remédier—sans succès marquant ou durable—par la relance de la consommation, les nationalisations et, plus récemment, une politique de rigueur.

Le chômage est combattu par l'introduction de la flexibilité du temps de travail, les préretraites*, des projets à court terme pour les jeunes, et par la lutte contre le travail au noir* (travail clandestin) qui forme une partie non négligeable de l'économie mais qui, par définition, n'est pas déclaré au fisc*.

Les Années 90

Le début des années 90 est marqué par une baisse de l'inflation et un net renforcement du Franc dans le système international. Mais on ne peut encore parler de reprise massive, car le taux de chômage reste élevé, la production industrielle ne montre qu'une faible croissance et les investissements ont accusé un ralentissement perceptible. La concurrence internationale devient de plus en plus féroce. Y faire face de manière efficace nécessite de gros investissements et une adaptation des structures industrielles.

Au total nous avons une situation fluide et préoccupante, étant donné en particulier la dépendance de la France vis-à-vis de l'extérieur en ce qui concerne les importations énergétiques. Le coût de celles-ci croît sans cesse, d'où une balance commerciale déficitaire depuis des années.

L'ENERGIE

Les sources d'énergie et en particulier le pétrole* sont une des clés de l'économie dans les civilisations de consommation car l'industrie est grande dévoreuse d'énergie. Or la France n'a pratiquement pas de pétrole, ce qui rend son économie particulièrement vulnérable et la met effectivement à la merci des pays producteurs de pétrole. La crise de Suez en 1956, le choc pétrolier de 1973, la guerre du Golfe en 1991 ne font qu'illustrer cette dépendance de la France en ce qui concerne les ressources pétrolières.

A cette situation la France offre essentiellement trois réponses:

L'Exploitation des Ressources Nationales Traditionnelles

L'exploitation de la **houille*** offre des ressources appréciables mais les coûts d'extraction ne justifient pas les investissements. La production de charbon est en recul car elle est concurrencée par des importations (par exemple le charbon d'Australie qui, malgré le coût du transport, revient bien moins cher parce qu'il provient de mines à ciel ouvert*).

Contrairement à celle du charbon, l'exploitation du **gaz naturel** est en hausse. Cette ressource, abondante en France, ne suffit cependant pas aux besoins nationaux.

La France possède également d'importantes ressources en **hydroélectricité** (ou houille blanche). Elles ont l'avantage d'être renouvelables, considération non négligeable à une époque où la conservation des ressources naturelles est à l'ordre du jour.

La Diversification

La crise pétrolière de 1973 a renouvelé l'intérêt porté aux sources alternatives d'énergie: études et projets se multiplient sur l'exploitation possible de l'énergie solaire, éolienne*, marémotrice*, géothermique*. Elles n'en sont peut-être qu'à leur enfance mais elles pourront offrir dans l'avenir des alternatives aux ressources de la terre lorsque celles-ci seront politiquement bloquées ou tout simplement épuisées. Si intéressantes que soient ces solutions, elles ne constituent que des débuts de réponses au problème de l'énergie. En effet, leur apport actuel ne représente qu'1% à 2% de la consommation nationale.

L'énergie nucléaire est la réponse massive de la France à son besoin d'indépendance énergétique. Solution controversée s'il en est, car elle n'est pas sans dangers. Depuis 1974 la France a fait de gros investissements dans les centrales nucléaires, qui produisent maintenant approximativement la moitié de l'électricité nationale et permettent même à la France d'exporter son excédent d'électricité.

Les Economies d'Energie

Pour des raisons politiques visant à une autonomie énergétique aussi grande que possible, la consommation de pétrole en France a diminué depuis 1974. Le pétrole est par ailleurs une source d'énergie qui est devenue chère, ce qui en période de ralentissement économique a contribué à son recul progressif face à des alternatives comme l'énergie nucléaire. Cette dernière est en effet un peu moins chère, bien que l'écart ne soit pas ce que l'on avait envisagé à l'origine, compte tenu des coûts extrêmement élevés d'installation des centrales et du traitement des déchets radioactifs*. Finalement des considérations écologiques entrent en jeu, et le public, de plus en plus averti des problèmes de conservation des ressources naturelles, accepte que l'on freine l'exploitation systématique du pétrole au profit d'autres sources d'énergie. Mais tous n'acceptent pas, loin s'en faut, de courir allègrement les risques que l'industrie nucléaire porte en elle pour l'environnement comme pour l'espèce humaine.

LA REGIONALISATION

Les Départements

Les départements sont des divisions territoriales administratives qui ont été créées après la Révolution pour mettre fin au désordre administratif de l'Ancien Régime. On en compte actuellement 96 pour la France métro-politaine plus les DOM, départements d'Outre-Mer* (Martinique, Guadeloupe, Guyane et Réunion).

Les départements forment un découpage du territoire en portions de superficie plus ou moins égale. Ils ont une structure administrative identique mais ils sont tous dirigés de Paris, suivant la tradition française de centralisation du pouvoir. Les intérêts régionaux sont mal représentés par un appareil administratif complexe et étendu, d'autant plus que des départements ayant des affinités géographiques et culturelles se trouvent divisés en unités rivales. Enfin certaines parties de la France, soit parce qu'elles sont éloignées de la capitale et mal desservies par les transports publics, soit parce qu'elles sont économiquement moins riches (et parfois les deux), se sentent défavorisées par rapport à d'autres parties du territoire. Cela ne fait qu'exacerber les sentiments d'appartenance à telle ou telle culture, menant parfois même à des revendications* nationalistes violentes comme dans le cas de la Bretagne ou de la Corse.

Les Régions

Pour remédier à ces divers problèmes le gouvernement en 1959 a créé 21 régions, appelées alors les Circonscriptions d'Action Régionale. Les départements existent toujours comme unités administratives mais sont dorénavant regroupés en blocs de 2 à 8, tenant compte dans une certaine mesure des affinités économiques, géographiques et culturelles. On dénombre maintenant 22 régions, la Corse étant devenue une région à part entière en 1970.

Chaque région a sa capitale régionale et est administrée par un Préfet de région dont le poste est différent de celui d'un Préfet administratif à la tête d'un département. Son action se centre essentiellement sur l'aménagement global de la région et son développement économique. Le Préfet est aidé dans sa mission par une Commission de Développement Economique Régional (CODER). Sont membres de cette commission les conseillers généraux élus par les départements et des personnes choisies pour leurs compétences personnelles et leur expertise professionnelle. Ces nouvelles structures sont codifiées par les lois de décentralisation de 1982.

Le processus de régionalisation a été lent à mettre sur pied et il a dû faire face à maintes difficultés causées par l'apathie ou les querelles d'intérêt. Par ailleurs les délimitations géographiques et la taille des Régions ont été critiquées pour leur manque de cohérence. Dans certains cas elles ont été organisées de manière arbitraire. A l'échelle nationale, elles sont de richesse et de force économique très variables. Malgré un succès partiel, l'avenir des Régions n'est pas vraiment assuré car le marché unique risque de bouleverser l'équilibre des forces en jeu.

Les Régions de France

VOCABULAIRE

relance (f) *upturn*
aménagement (m) *planning, development*
flottement (m) *floating*
main-d'oeuvre (f) *labour, workforce*
préretraite (f) *early retirement*
travail (au) noir (m) *moonlighting*
fisc (m) *the Inland Revenue, tax officials*
pétrole (m) *oil*
houille (f) *coal*
à ciel ouvert *opencast*

éolien,-ienne *wind*
marémoteur,-trice *tidal*
géothermique *geothermal*
déchets radioactifs (m pl) *radioactive waste*
outre-mer *overseas*
revendication (f) *claim*

Vocabulaire Complémentaire

crise (économique) (f) *slump*
repli (m) *downturn*
recul (m) *downturn*
reprise (f) *recovery, upturn*
endiguer l'inflation *to stem inflation*
surchauffe (f) *overheating*
blocage des prix et des salaires (m) *price and wage freeze*

La production nationale peut se mesurer de deux manières: le PNB et le PIB.

> Le Produit National Brut (PNB) représente ce qui est produit par les entreprises françaises sur leur propre territoire mais aussi à l'étranger. Le critère est donc un critère de nationalité.
>
> Le Produit Intérieur Brut (PIB) représente ce qui a été produit en France par des entreprises françaises ou étrangères. Comme le critère utilisé est un critère territorial, ce chiffre ne tient pas compte de ce qui a été produit par des firmes françaises à l'étranger.

ACTIVITES

1. La crise de 1973

   Que s'est-il passé en 1973?
   Quelles ont été les conséquences pour la France?
   Cette crise était-elle aussi grave pour votre pays? Justifiez votre réponse.

2. L'énergie nucléaire

   Quelle est l'attitude du gouvernement français vis-à-vis de l'énergie nucléaire?
   Où en est la France dans ses investissements nucléaires?

3. Débat

Discutez la proposition suivante: Il est impossible d'envisager l'avenir énergétique des pays occidentaux sans le nucléaire.

4. La décentralisation

Quels sont les avantages de la centralisation et de la décentralisation? Prenez des exemples en France ou dans votre pays et centrez votre discussion sur les domaines de la politique, de l'économie et de l'éducation.

5.

Un amortisseur de la crise

Qui se livre au travail noir? Des chômeurs, des immigrés clandestins, des retraités, des travailleurs indépendants, des travailleurs à domicile, des enfants même. Mais aussi des fonctionnaires, des pompiers, des policiers. Des professeurs donnent des leçons à domicile non déclarées. Les chauffeurs de ministres ont souvent des « deuxièmes métiers ». « On voit, dit Jean-Jacques Dupeyroux, des inspecteurs des Finances, aux traitements déjà très confortables, améliorer leurs revenus en assurant la préparation des postulants à Sciences-Po ».

Impossible, en bref, de généraliser sur le travail noir. Quoi de commun entre les immigrés pressurés de la confection qui, en saison de pointe, acceptent des semaines de travail de soixante-dix heures et la coiffeuse qui opère à domicile? Entre le comptable qui met en ordre les factures de la ferme et le débardeur?

Nos correspondants ont rencontré des « illégaux » heureux, et en grand nombre. Des femmes de ménage qui, parce que leur mari est salarié et fonctionnaire,

bénéficient déjà de la Sécurité Sociale et ne tiennent pas à payer une deuxième cotisation. Des agents de police du dix-huitième arrondissement de Paris qui arrondissent leurs fins de mois en cirant les escaliers des immeubles voisins. Des marginaux qui refusent l'usine et se débrouillent grâce à des travaux de peinture, de menuiserie et d'entretien. « le travail noir, disent-ils, c'est le dernier moyen de rester libre dans notre société trop cloisonnée. » Un restaurateur de meubles du Midi vit au noir depuis plus de quinze ans. Impossible de le coincer : il a mis tous ses biens au nom de ses parents.

Le travail noir joue donc aussi un rôle social. C'est ce qu'ont constaté plusieurs économistes comme Alain Minc ou Pierre Rosanvallon. L'économie souterraine—c'est le nom qu'ils donnent au travail illégal—est apparue et croît dans tous les Etats industrialisés. Elle permet d'assurer la régularisation d'une économie trop structurée, offre une solution à ceux qui cherchent une nouvelle manière de gérer leur temps, facilite l'initiative et joue, d'une certaine manière, un rôle d'amortisseur de la crise.

Des positions que Jean-Jacques Dupeyroux refuse. Dans son

rapport, il accroche avec humeur Minc et Rosanvallon. Pour lui, aucun doute : le travail noir est nuisible. Il admet, certes, que bien des travaux d'entretien seraient abandonnés si leur coût devenait prohibitif. Sa solution : réduire le coût du travail légal en dispensant de la T.V.A. l'artisan seul ou ayant un apprenti. Sa prestation sera cependant plus coûteuse que celle du bricoleur clandestin. Là encore, Dupeyroux a une solution à proposer : il veut que la propriété d'un logement soit considérée comme un revenu en nature qui vient s'ajouter aux traitements, salaires et autres revenus. Les travaux d'entretien d'un appartement pourraient alors, moyennant facture, être déduits des sommes à déclarer. Nul doute que dans un pays où les salariés ont de plus en plus tendance à devenir propriétaires, cette proposition ne provoque quelques remous.

Maurice Ragot et Jean-Jacques Dupeyroux ont, à coup sûr, raison lorsqu'ils veulent réprimer l'exploitation illégale de travailleurs immigrés sans protection. Ont-ils raison de traquer également le « bricoleur » qui améliore au noir son revenu? Le débat est ouvert.

© Le Nouvel Observateur

Traduisez ce texte à vue.

Quelle est votre opinion sur la question posée à la fin du passage?

6.

A quand la reprise?
par Jean Boissonnat

Avec une croissance un peu supérieur à 2% l'an prochain, comme le prévoit le gouvernement, la France n'a guère de chances de résorber le chômage. Il faudrait pour cela atteindre au moins 3% de croissance. Quelles bonnes surprises pourraient se produire qui permettraient de franchir un tel seuil?

Déjà, pour passer de 1% cette année à 2% l'an prochain, il faut que la machine économique mondiale redémarre. On attend qu'elle le fasse d'abord par les commandes de l'étranger, ensuite par les investissements et enfin par la consommation.

A l'étranger, tout dépend des Etats-Unis qui ont bien du mal à sortir de la récession. Les signes positifs et les signes négatifs se multiplient, si bien qu'actuellement les uns annulent les autres. A cela il y a une explication: les Américains n'ont jamais été aussi endettés. Ils hésitent donc à redemander de nouveaux crédits que les banques hésitent, de leur côté, à leur accorder. Les pouvoirs publics font ce qu'ils peuvent en abaissant les taux d'intérêt qui sont aujourd'hui, aux Etats-Unis, parmi les plus bas du monde.

En Europe, l'économie britannique pourrait sortir de la crise et l'économie allemande ne pas y entrer, malgré un ralentissement nécessaire après la surchauffe due à la réunification.

Au Japon où il n'y a pas eu de récession, la croissance se ralentit aussi un peu, sans qu'on puisse parler de crise.

Au total, l'étranger peut nous réserver quelques bonnes surprises mais elles ne sont pas encore acquises aujourd'hui.

Du côté des investissements, les incertitudes ne sont pas moins nombreuses. Le logement va mal; le gouvernement vient d'ailleurs de prendre quelques dispositions en sa faveur dans le budget. Tout cela demandera du temps.

Les investissements des entreprises, qui ont diminué cette année, pourraient repartir plus vite en 1992. D'abord à cause de la concurrence internationale renforcée par le marché unique européen, fin 1992. Ensuite parce que la rentabilité des entreprises va se redresser: c'est la contrepartie positive des mesures négatives prises en matière d'emplois.

Quant à la consommation, autre moteur de l'économie (le plus gros), il tournera au ralenti. En effet le chômage réduit le pouvoir d'achat disponible. Toutefois les Français pourraient tirer sur leurs économies pour maintenir leur niveau de vie. Il n'y aurait donc pas d'effondrement de la consommation.

Au total on peut espérer que les nuages commenceront à se dissiper. Mais ce ne sera pas encore le grand beau temps.

© Ouest-France

a. Quels sont les trois clignotants qui indiquent la reprise de l'économie?

b. Résumez la situation dans chacun des trois cas.

c. Quelle est la réponse à la question posée dans le titre de cet article?

d. Pourquoi les banques hésitent-elles à accorder des crédits aux Américains?

e. Expliquez comment le gouvernement des Etats-Unis peut améliorer la situation en abaissant le taux d'intérêt.

f. 'La réunification'. Expliquez ce dont parle l'auteur.

g. 'Les mesures négatives prises en matière d'emplois'. Quelles ont été ces mesures?

h. Relevez au moins trois expressions du texte qui donnent l'impression que l'économie se comporte comme une machine.

III

L'EMPLOI

LA SITUATION DE L'EMPLOI

Un Nouveau Profil

Depuis la fin des années 60 le taux d'activité de la population française n'a cessé de monter. Cette augmentation s'explique en partie par l'émergence sur le marché du travail des générations de l'après-guerre (le 'baby boom'), par l'immigration des travailleurs, notamment des pays du Maghreb, et, essentiellement, par l'accroissement du travail féminin. Ainsi en 1968 les femmes de 25 à 29 ans ne travaillaient que dans une proportion de 52,2% en France, alors qu'en 1988 75,8% d'entre elles avaient une activité professionnelle. (INSEE)

Le Travail Féminin. L'activité croissante des femmes (surtout jeunes) sur le marché du travail des vingt dernières années est une conséquence directe des mouvements féministes des années 70 qui revendiquaient* pour les femmes le droit au travail rémunéré. Les progrès dans ce domaine sont incontestables : plus de 70% des femmes non mariées travaillent et les femmes mariées travaillent d'autant plus volontiers qu'elles ont moins d'enfants à charge*. Il reste cependant beaucoup à faire dans le domaine de l'égalité de paie à travail égal, l'égalité d'opportunités et l'égalité dans la formation*.

Les Immigrés. Bien que les travailleurs immigrés occupent des postes moins bien rémunérés et souvent rejetés par les travailleurs d'origine française, ils restent une cause d'inquiétude pour beaucoup de Français qui associent leur présence à l'accroissement du chômage. C'est ignorer que les immigrants eux-mêmes sont victimes du chômage. Ce problème est doublé du problème de l'immigration illégale, considérable, bien qu'impossible à chiffrer. Les problèmes de chômage sont intimement liés à la question de l'intégration des immigrés et, dans une période où la conjoncture est défavorable, ils contribuent à transformer certaines zones urbaines particulièrement touchées en véritables poudrières.

Différents Types d'Emploi. Les chiffres élevés de participation au travail pourraient donner l'impression que la situation de l'emploi en France est saine mais ils cachent une réalité qui est infiniment complexe et dont l'étude approfondie révèle que la nature du travail a changé. Nous sommes maintenant loin de l'équation selon laquelle une personne ayant une activité professionnelle correspond à un poste à plein temps* permanent. La variété nouvelle des formes d'emploi (temporaire, temps partiel*, etc) est considérée par beaucoup comme une grande amélioration, surtout par les femmes qui peuvent combiner plus aisément vie familiale et vie professionnelle. On doit cependant accepter aussi que beaucoup d'emplois soient précaires et n'offrent aucune sécurité: le travail partiel, le travail intérimaire* et tous 'les petits boulots'* qui offrent un appoint* plutôt qu'un salaire stable. On trouve dans ces catégories de postes les jeunes en mal d'emploi, les femmes désirant arrondir le budget familial et les préretraités encore actifs, sans compter tous les demandeurs d'emploi qui préfèrent une rémunération basse à l'allocation de chômage*. Ces catégories de la population sont nombreuses et expliquent la prolifération récente de tous les postes à horaires réduits, les contrats de travail temporaires (3 mois maximum) et les travaux que l'on appelle 'épisodiques'*. Ces postes offrent dans l'ensemble des salaires bas et cela d'autant plus que les intéressés sont souvent moins qualifiés. La tendance au travail à temps partiel continue à croître régulièrement, répondant aux aspirations de certaines catégories de la population mais aussi des entreprises, qui préfèrent souvent des employés à temps partiel.

Le Travail 'Au Noir'. Il est impossible d'évaluer correctement le travail 'au noir', travail clandestin non déclaré au fisc, mais on estime que de 3% à 6% de la population active française est concernée par le travail au noir. Les pouvoirs publics s'efforcent d'arrêter cette hémorragie car elle signifie qu'impôts, TVA ou contributions à la Sécurité Sociale ne sont pas perçus sur ce travail. D'autres pays ferment les yeux et laissent prospérer cette économie parallèle. Le travail au noir a malgré tout des avantages: il offre des ressources complémentaires appréciables à beaucoup, concourt à garder l'inflation à un niveau bas à cause des prix moins élevés que les prix officiels et canalise* le mécontentement envers la situation économique pour le transformer en source de profit. On pourrait donc avancer qu'il contribue à une plus grande prospérité individuelle ainsi qu'à une plus grande stabilité sociale.

Les Conditions de Travail

La Durée du Travail. Une des évolutions les plus significatives des deux dernières décades est la réduction de la durée du travail avec un accroissement correspondant du temps libre et une plus grande valorisation des loisirs. L'année 1936 avait vu, outre l'introduction des congés payés*, la semaine de travail officiellement limitée à 40 heures et stabilisée en pratique autour de 45 heures. Mai 1968, puis l'avènement d'un gouvernement socialiste allaient finalement faire respecter les accords* de 1936 et imposer une baisse progressive de la semaine de travail à 40 heures avec, à l'étude, un projet de semaine de 35 heures dans les années à venir.

Les motifs idéologiques se sont combinés aux exigences de la conjoncture et ont contribué ensemble à une diminution graduelle des horaires de travail. Les congés payés aidant (les plus longs de la Communauté européenne), ainsi que les jours fériés* et les ponts*, la France est le pays de la CE où l'on travaille le plus petit nombre d'heures par an.

L'abaissement de la durée du travail peut être considéré à la fois comme une recette pour mieux vivre et comme un moyen de contrebalancer le chômage. Malheureusement les heures de travail débloquées par une semaine de travail plus courte ne signifient pas nécessairement de nouveaux emplois. Tout dépend de la façon dont cette réduction globale est opérée.

- **La réduction de la journée ou de la semaine de travail:** celle-ci favorise les conditions de travail donc améliore la qualité de la vie.

- **La réduction annuelle du nombre d'heures** par l'introduction de la cinquième semaine de congés payés: cette solution est particulièrement prisée des Français qui, tout en restant fidèles aux longues vacances d'été, adoptent de plus en plus le système anglo-saxon des longs week-ends et petites vacances.

- **La réduction de la vie de travail** par l'abaissement de l'âge de la retraite: elle est populaire chez la plupart car elle offre une chance de nouvelle vie à des gens qui sont encore assez jeunes pour en profiter. Les postes devenus vacants peuvent résorber* partiellement le chômage, en particulier chez les jeunes. L'inconvénient majeur de cette solution est l'accroissement des charges sociales et le plus grand recours aux ressources médicales qui affecteront l'ensemble de la communauté. En effet les retraites seront plus longues à la fois parce qu'elles commenceront plus tôt et aussi parce qu'une vie de travail plus courte a tendance à accroître la longévité.

- **Le temps partiel:** cette formule a été relativement délaissée en France mais sa popularité est croissante surtout chez les femmes qui en apprécient la flexibilité. Les employeurs, eux, se font tirer l'oreille car les postes à temps partiel signifient pour eux des charges sociales plus lourdes. Une politique de développement des postes à temps partiel pourrait satisfaire une forte demande mais ne réduirait pas nécessairement le chômage car l'attrait de cette forme de travail ferait probablement croître le nombre de demandeurs d'emploi, donc de chômeurs.

La Formation. Les chiffres le montrent bien: plus vous êtes diplômé, plus grandes sont vos chances de trouver du travail. La meilleure parade* au chômage reste donc la formation. Mais combien n'auront pas eu la chance de pouvoir pousser leurs études ou se seront arrêtés avant d'être arrivés au bout? Pour remédier à cet état de fait tout aussi bien que pour servir les intérêts de l'industrie, l'état français s'est occupé de la formation professionnelle et a fait passer plusieurs lois dans les années 60 et 70 qui ont pour but de donner aux travailleurs une 'seconde chance' en organisant une formation permanente.

Toute entreprise ayant au moins dix salariés* a l'obligation légale de consacrer une somme équivalant à 1,1% des salaires à la formation professionnelle. Cette formation peut porter sur un approfondissement des connaissances qui permettra la promotion interne du personnel. Elle peut aussi porter sur un recyclage* en apprenant aux membres du personnel des techniques nouvelles (en particulier en informatique*) qui leur permettront de s'adapter à l'évolution permanente dans leur activité professionnelle. Il en résulte que les travailleurs ne se sentent plus dépassés* et ont de meilleures chances d'accéder à des postes et des salaires plus motivants.

Quelques bavures* sont apparues dans ce système (formation des hommes plus poussée que celle des femmes, cadres plus favorisés que les ouvriers) qui renforcent des inégalités existantes, mais dans l'ensemble les nouvelles dispositions prises par l'état et les entreprises françaises ont eu un effet bénéfique, et pour l'individu, et pour l'économie nationale.

Le Problème de l'Absentéisme. Pendant les années d'après-guerre l'absentéisme a suivi approximativement l'évolution de la santé et de la sécurité au travail, c'est-à-dire qu'après avoir été élevé il est devenu moins important grâce à un niveau de santé de la population en nette hausse et à une diminution des accidents du travail. Il reste cependant que l'absentéisme est la cause de perte de journées de travail qui se reflète dans la productivité. Les causes des absences sont parfois totalement justifiées (maladies, maternités, accidents), parfois en partie justifiées (congés de maladie plus longs qu'ils ne devraient l'être), parfois les absences ne sont pas justifiées ('malades' qui ne sont pas chez eux, 'épidémies' qui coïncident régulièrement avec des périodes de vacances traditionnelles).

Un chiffre fourni par l'OMS est particulièrement intéressant: le taux d'absentéisme de la France en 1985 aurait été de 9,2% alors qu'au Japon il n'était que de 0,05%. Cette différence énorme ne peut s'expliquer uniquement par une meilleure santé ou une meilleure sécurité au travail. Il est probable que c'est l'attitude des travailleurs, leur motivation au travail qui sont largement en cause. On sait à quel point l'emploi est lié à une très forte éthique du travail au Japon alors qu'en France cette dernière s'est amenuisée* au fil des années. On assiste à une certaine dévalorisation du travail, qui est maintenant moins vécu comme un devoir ou une fonction ayant des vertus thérapeutiques. Le manque de motivation est aussi en partie lié à certaines conditions de travail causant de la fatigue, le travail à la chaîne*, les cadences* (en particulier les trois-huit*) et une ambiance de travail plus ou moins propice aux échanges humains.

LE CHOMAGE

Le chômage affecte aujourd'hui une grande partie de la population. Certains n'hésitent pas à le qualifier de 'mal du siècle', tant ses conséquences économiques et sociales peuvent être destructives.

Le terme 'chômage' recouvre une multiplicité de variantes relatives à l'âge, au sexe, à la région, à la formation, à la profession, etc. Il est aussi le résultat de diverses causes comme la fin de contrat, le licenciement, la recherche d'un premier emploi, la retraite anticipée, etc. Le chiffre de 2,86 millions de chômeurs avancé par le Ministère du Travail en 1992 ne tient pas compte des divers stages* d'apprentissage* et cache le fait que les jeunes sont une des catégories de la population les plus touchées. Il est souvent très difficile pour un jeune de décrocher son premier emploi. Un des facteurs les plus significatifs est la formation de ces jeunes ou son absence. En gros, plus ils sont diplômés, moins ils ont de difficulté à s'insérer* dans la vie professionnelle. Le seuil* critique est élevé: même un baccalauréat, jadis passeport à la réussite professionnelle, n'offre plus depuis longtemps aucune garantie de trouver un poste.

Le système d'**allocations de chômage** tel qu'il est pratiqué en France est un des plus favorables en Europe, surtout pour la première année de chômage. Malgré ceci un grand nombre de chômeurs ne reçoivent pas d'indemnités*, soit parce qu'ils ne remplissent pas les conditions nécessaires, soit parce que la période d'indemnisation est arrivée à terme*.

L'action Gouvernementale

Les ASSEDIC (Associations pour l'Emploi dans l'Industrie et le Commerce). Les ASSEDIC sont des associations créées par le CNPF (Conseil National du Patronat Français) et les syndicats de travailleurs. Elles organisent l'apport des employeurs et des salariés aux indemnisations de chômage et gèrent* la répartition* de ces indemnisations.

L'ANPE (Agence Nationale pour l'Emploi). Sa fonction principale est de centraliser offres et demandes d'emplois à l'échelle nationale. Elle a aussi une fonction d'information pour les chômeurs. Enfin, par ses enquêtes et études statistiques, elle fournit des analyses de la situation courante de l'emploi et indique les tendances qui se font jour dans le but de pouvoir mieux y remédier. (Voir texte page 123).

LES RELATIONS DU TRAVAIL

Sont appelés relations du travail* les rapports créés entre les employeurs, les employés, les syndicats et l'Etat dans le cadre du travail salarié.

L'établissement d'un **contrat** de travail définit les droits et devoirs réciproques d'employeur et employé.

Les Syndicats

Jusqu'aux dernières décades du dix-neuvième siècle l'employé était en position faible vis-à-vis de son employeur et donc facilement assujetti* ou exploité, particulièrement en période de chômage. Pour contrebalancer cette situation, l'autorisation de former des syndicats a été accordée par la loi de 1884. Ces organisations légales garantissaient la défense des droits des travailleurs et de leurs intérêts communs.

Les syndicats français les plus importants sont:

- la CGT (Confédération Générale du travail), organisme puissant ayant des racines politiques dans le parti communiste et auquel plus d'un tiers de tous les syndiqués français appartiennent,

- la CFDT (Confédération Française Démocratique du Travail), plus socialiste d'inspiration,

- FO (Force Ouvrière), issue d'une scission* de la CGT et moins politisée que cette dernière.

Les cadres eux aussi ont leur syndicat, la CGC (Confédération Générale des Cadres). Ce syndicat, par opposition aux syndicats précités, ne défend que les intérêts d'une catégorie de personnel.

Tous les syndicats opèrent à l'échelle nationale mais au niveau de l'entreprise ils agissent en cellules nommées sections syndicales*, ayant des délégués syndicaux* élus, chargés de représenter la section. Les syndicats sont bien sûr des groupes de pression* mais ils sont souvent assortis en France d'une couleur politique, ce qui explique en partie la désaffection* des travailleurs à leur égard ces vingt dernières années.

Les problèmes touchant les travailleurs (salaires, conditions de travail, retraites) sont, de nos jours, moins fréquemment résolus au niveau national par des conventions collectives affectant toute une profession. On leur préfère souvent des solutions au niveau de l'entreprise. Ces accords entre travailleurs et dirigeants sont réalisés par les sections syndicales, les comités d'entreprises* et les délégués du personnel*.

Les Conflits Sociaux

Ils peuvent prendre diverses formes allant de la manifestation dans les rues avec bannières et slogans à l'occupation de locaux* en passant par la journée revendicative* ou la grève, forme la plus connue du conflit social.

La grève classique consiste en un arrêt de travail bloquant la production des biens ou des services. Les travailleurs font ainsi pression sur l'employeur qui voit son capital bloqué et ses bénéfices tomber à zéro. Une grève avec occupation de locaux renforce la grève classique en ce qu'elle empêche, par la présence des ouvriers sur leur lieu de travail, l'utilisation de leurs machines et outils par d'autres travailleurs. Les ouvriers ayant débrayé* ne reçoivent pas leur salaire, ce qui occasionne sur eux une pression d'autant plus grande que la grève sera longue.

Les grèves en France s'aggravent rarement au point de durer des semaines et des mois. Par contre on a vu à maintes reprises une grève s'étendre à d'autres secteurs, aboutissant parfois à une grève générale.

VOCABULAIRE

revendiquer *to claim, to demand*
à charge *dependent*
formation (f) *training*
à plein temps *full-time*
temps partiel (m) *part-time*
intérimaire *temporary*
petit boulot (m) *small job*
appoint (m) *extra help, extra income*
allocation de chômage (f) *unemployment benefit*
épisodique *occasional*
canaliser *to channel*

congé payé (m) *paid holidays*
accord (m) *agreement*
jour férié (m) *official holiday*
pont (m) *extra day off (taken between a public holiday and a weekend)*
résorber *to reduce gradually, to absorb*
parade (f) *parry, parade; answer, reply*
salarié, -e (m,f) *wage-earner*
recyclage (m) *retraining*
informatique (f) *computer science*
dépassé,-e *out of one's depth*

bavure (f) *flaw, unfortunate mistake*
s'amenuiser *to dwindle, to lessen*
travail à la chaîne (m) *assembly line work*
cadence (f) *work pattern*
trois-huit (pl) *three eight-hour shifts*

stage (m) *placement, training period*
apprentissage (m) *apprenticeship*
s'insérer *to fit into*
seuil (m) *threshold*
indemnité (f) *benefit, compensation*
arriver à terme *to expire*
gérer *to manage*
répartition (f) *sharing out, distribution*

relations du travail (f pl) *labour relations*
assujettir *to subjugate, to be subject to*
scission (f) *split*
section syndicale (f) *union branch*
délégué syndical (m) *shop steward*
groupe de pression (m) *pressure group*
désaffection (f) *loss of affection, loss of interest*
comité d'entreprise (m) *works council*
délégué,-e du personnel (m,f) *delegate, representative*
occupation de locaux (f) *sit-in*
journée revendicative (f) *day of action*
débrayer *to come out on strike*

ACTIVITES

1. Les cadres

    En quoi un cadre est-il différent d'un autre travailleur? Donnez trois exemples de métiers de cadres.

2.   Discussion

Un fait incontournable: en France comme en Grande-Bretagne les hommes sont plus qualifiés que les femmes. Quelles sont les causes de cet état de fait? Comment y remédier?

3.   On parle parfois de 'l'exode des compétences' dans un pays. Qu'est-ce qui peut provoquer cet exode? Comment l'arrêter?

4.   Le chômage chez les jeunes (travail à faire en petits groupes)

Comment y remédier? Essayez de proposer des solutions réalistes à ce problème (formation nécessaire? coûts justifiés?)
Présentez vos suggestions aux autres groupes.

5.

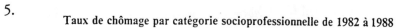

Taux de chômage par catégorie socioprofessionnelle de 1982 à 1988

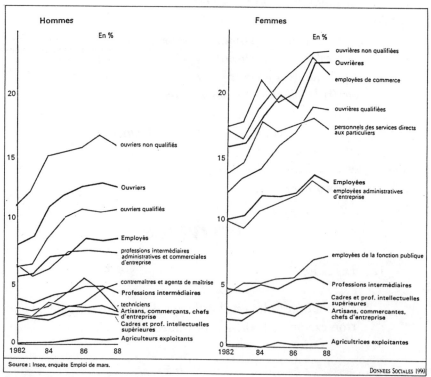

Présentez les résultats obtenus par les sondages de l'INSEE.
Mettez en valeur les faits qui vous paraissent les plus significatifs.

6. Débat

Discutez la proposition suivante: 'La police, les pompiers et le personnel hospitalier doivent avoir le droit de grève'.
Après avoir débattu les arguments pour et contre cette proposition, organisez un vote sur chacune des catégories professionnelles précitées.

7. 'Les priorités du système de formation'

Les stratégies pour l'emploi
Les priorités du système de formation

L'avenir de l'emploi à court terme en France et dans la plupart des économies occidentales reste incertain. A plus long terme, les bouleversements de l'appareil productif comme les perspectives d'évolution des besoins et des biens produits rendent impossible toute prévision précise sur les métiers de demain. Il est toutefois possible de dégager les grandes orientations des politiques de formation qui permettent de répondre aux besoins futurs du marché du travail.

C.F.

Dans les années à venir, compte tenu des perspectives de l'emploi, les systèmes de formation qui seront mis en place devront faire face à la contradiction suivante : pour offrir aux jeunes leurs meilleures chances de carrière dans la vie active, comme pour permettre le taux de croissance le plus rapide envisageable de notre économie, il faut donner aux générations nouvelles le niveau de formation générale le plus élevé possible et une formation professionnelle spécialisée adaptée aux besoins immédiats du marché du travail, leur donnant le moyen d'entrer dans la vie active. Mais il ne sera pas possible de garantir à tous les jeunes diplômés un emploi correspondant exactement au niveau de la formation qu'ils auront reçue et à la spécialité qu'ils auront apprise, et encore moins une carrière continue à ce niveau et dans ce type de formation. C'est cette contradiction qu'il sera nécessaire de gérer.

L'élévation du niveau de formation générale

La nécessité d'une formation générale

L'intérêt d'une meilleure formation générale des jeunes en cours d'étude résulte clairement de l'analyse des besoins nouveaux en main-d'œuvre. La mise en place des procédés techniques récents suppose une bonne compréhension des mécanismes complexes des machines nouvelles, dans les usines (processus automatisés) comme dans les bureaux (produits nouveaux de l'informatique et de la bureautique). L'évolution du commerce international conduit à spécialiser les pays développés dans les productions industrielles demandant un personnel de haut niveau de qualification. Le développement des exportations de services de ces pays produit les mêmes conséquences. L'abandon des systèmes de production de type taylorien mène à une nouvelle organisation du travail, où chaque travailleur est à la fois plus autonome et mieux intégré à une équipe, ce qui suppose de sa part une capacité d'expression plus grande, donc un niveau de culture générale plus élevé.
De plus, l'incertitude sur le rythme de la croissance économique, l'impossibilité de connaître de façon suffisamment précise les changements technologiques futurs rendent cette formation générale nécessaire pour permettre les inévitables reconversions en cours de carrière.

Les défis à relever

L'objectif retenu en France de conduire 80 % d'une classe d'âge jusqu'au niveau du baccalauréat s'inscrit dans cette perspective. Mais son application, par rapport à la situation actuelle, revient à doubler le pourcentage des jeunes accédant à ce niveau. La grande majorité des élèves actuellement orientés vers les lycées d'enseignement professionnel à la sortie des classes de 5e et de 3e, pour préparer un CAP ou un BEP, seraient orientés vers la préparation d'un baccalauréat. Or, s'il n'en est pas ainsi actuellement, ce n'est pas pour des raisons d'insuffisance de capacités d'accueil dans les lycées, c'est que leur niveau scolaire est jugé insuffisant.
Les connaissances des élèves, dans ces décisions d'orientation, ne sont pas seules en cause, mais aussi la forme d'esprit de ces jeunes, le plus souvent leur refus de l'abstraction ou, d'une façon plus générale, des méthodes d'apprentissage scolaire de l'enseignement général.

La définition d'une nouvelle pédagogie adaptée à ces jeunes, partant d'une observation concrète pour monter ensuite à des conceptions abstraites, reste à définir, bien qu'elle ait été proposée depuis de nombreuses années. Comment donner une formation générale, nécessairement fondée sur l'abstraction, à partir de connaissances technologiques d'ordre pratique ? Tant que ce problème ne sera pas correctement réglé, l'idée d'élever le niveau de formation générale des élèves qui s'orientent actuellement vers l'enseignement technique à la sortie de la classe de 3e, mais surtout à la sortie de la classe de 5e, restera théorique.

La « professionnalisation » des études

Si une bonne formation générale est de plus en plus nécessaire pour la carrière d'un jeune, elle lui ouvre de moins en moins accès à un premier emploi. Sauf dans le cas très particulier des diplômés des grandes écoles, aucun jeune n'est recruté sur ce seul critère. Il en était autrement il y a vingt ou trente ans et même plus récemment : le titulaire d'un baccalauréat trouvait assez facilement un emploi.
Dans la plupart des cas, les entreprises cherchent à recruter des travailleurs ayant une formation spécialisée et un minimum d'expérience du métier qu'ils

auront à exercer. C'est ce qui rend la lecture des offres d'emplois si décevantes pour les jeunes débutants. Une première expérience est presque toujours demandée.
L'évolution des techniques, qui exige des spécialistes de mieux en mieux formés, explique cette situation dans l'industrie.

Mais la spécialité ainsi acquise est d'une grande fragilité. Il n'est pas possible de garantir à l'étudiant qu'il trouvera avec certitude un emploi dans cette spécialité. Elle fournit un ticket d'accès au marché du tra-

vail. Mais ce ticket peut ne pas être honoré. Ce jeune débutera alors dans la vie active dans un autre métier fondé sur son niveau de formation générale, mais, par contre, il bénéficiera de l'expérience du travail acquise dans son cycle de spécialisation. Même si, dans l'immédiat, l'emploi obtenu correspond à la formation reçue, celle-ci est le plus souvent condamnée à devenir rapidement obsolète. Elle ne constitue pas une garantie de continuité de carrière. C'est au contraire le niveau et la qualité de la formation générale acquise auparavant qui sont la véritable garantie de la poursuite d'une carrière. Il y a là une contradiction apparente, mal comprise des étudiants, mais qui doit amener ceux-ci à organiser leurs cycles d'études dans une double perspective de court et de long termes.

L'insertion des non-diplômés

Dans le cas d'une croissance économique insuffisante, toutes les personnes diplômées ne pourront trouver un emploi correspondant à leur formation. Or, la conséquence de la déqualification des diplômés de niveaux élevé et moyen dans l'emploi est le chômage croissant des jeunes sans diplômes. Les entreprises ou les administrations recruteront sur les emplois non qualifiés des jeunes ayant au moins un diplôme de formation professionnelle de premier niveau.
La société française sera donc confrontée dans les années à venir à ce difficile problème de l'intégration professionnelle de ces jeunes. Depuis une dizaine d'années, des plans successifs « emploi des jeunes » ont été mis en œuvre afin d'aider ceux-ci à recevoir une formation en dehors du cadre scolaire et à trouver ensuite un premier emploi. Ces mesures n'ont eu qu'un succès moyen, elles n'ont pas empêché une forte expansion du chômage des jeunes. Elles ont, cependant, une efficacité certaine, mais elles ont toujours été conçues comme un remède temporaire à une situation de crise, qui devait disparaître dans un avenir plus ou moins proche.
Elles doivent être situées désormais dans une autre perspective et considérées comme un moyen normal d'insertion professionnelle pour cette catégorie de jeunes, qui, sans ces mesures, resteraient en dehors de la vie professionnelle. Les cycles de formation alternée doivent donc être institutionnalisés ; la forme traditionnelle de l'apprentissage, rénovée au cours des dernières années, doit être considérée comme l'une des voies normales de formation. Ainsi, le handicap de ces jeunes sortant de l'école sans formation professionnelle ni qualification pourra être compensé. Sinon ces jeunes viendront gonfler le nombre déjà trop élevé des chômeurs sans qualification. Or, cette catégorie de chômeurs constituera dans l'avenir le principal facteur du maintien des taux de chômage à un niveau élevé, même en cas de reprise économique.

a. En prenant le texte ci-dessus comme base, séparez les arguments en faveur:

(1) d'une formation générale
(2) d'une spécialisation
(1) est-elle une nécessité?
(2) est-il un atout?

b. Quelles sont les grandes orientations des politiques de formation qui répondront aux besoins futurs du marché du travail? Faites un résumé écrit des points essentiels suggérés dans le texte.

IV

L'ENTREPRISE

COMMENT REUSSIR?

Le baromètre des variations économiques est l'entreprise[*], qui doit constamment s'adapter aux fluctuations du marché pour rester à flot et réaliser des bénéfices. Le profit étant par définition ce que cherche à réaliser l'entreprise, le bon chef d'entreprise est celui qui, non seulement a l'oeil sur les données[*] de la conjoncture, mais aussi sur la concurrence. Il doit évaluer la force des concurrents pour la qualité de la marchandise ou des services fournis, les prix de vente des produits offerts, et avoir une capacité d'adaptation aux demandes toujours mouvantes du marché. Les stratégies d'une bonne gestion d'entreprise sont donc basées sur une bonne évaluation de tous ces indicateurs et sur une planification[*] stricte mais souple.

QU'EST-CE QU'UNE ENTREPRISE ?

Les entreprises comprennent les agents économiques dont la fonction principale est de produire des biens ou des services destinés à la vente.

(INSEE)

Face à cette définition concise mais un peu sèche, la notion d'entreprise est définie par J. Brémond et A. Gélédan comme:

Un lieu où s'élaborent les produits que nous consommons, où sont réalisés les investissements, répartis les revenus, exportés les produits qui conditionnent l'équilibre commercial, créés des emplois nouveaux. Plans de carrière, conditions de travail, relations hiérarchiques, rapports sociaux prennent forme au sein de l'entreprise. Elément-clé de l'appareil de distribution et de production, elle est un 'laboratoire social' où se négocient congés, durée et rythme du travail. Lieu de formation du profit, elle est l'élément essentiel du capitalisme, fondé sur la propriété privée. Elle agit sur l'environnement et modèle les paysages.

Dans une définition comme dans l'autre, l'entreprise paraît donc être une cellule essentielle de nos sociétés occidentales.

Les Entreprises Publiques

Ces entreprises ne sont pas différentes des autres, en ce qu'elles ont la fonction principale de produire des biens* ou des services destinés à la vente, mais elles sont la propriété de l'Etat et sont placées sous son contrôle.

> • Exemples:
> —l'EDF, le GDF, la SNCF, la RATP.

Objet des Activités d'une Entreprise

Les Entreprises de Fabrication. Elles comprennent les ateliers*, fabriques, manufactures et usines.

> Une usine est un établissement industriel où, à l'aide de machines, on transforme les matières premières ou semi-ouvrées* en produits finis.
>
> (Larousse)

*Les Entreprises de Négoce.** Ce sont des intermédiaires entre le producteur et le consommateur.

Elles recouvrent magasins, supermarchés, hypermarchés, etc.

Les Entreprises de Services. Elles ne produisent pas de marchandises mais offrent plutôt des services ou prestations ou prestations.

> • Exemples:
> —les transports, les assurances, les banques, les cinémas, la restauration.

La Taille des Entreprises

Les PME (Petites et Moyennes Entreprises) représentent la majeure partie des entreprises françaises. Les petites entreprises ont jusqu'à 10 salariés, les moyennes peuvent aller jusqu'à 500; au delà ce sont de grandes entreprises. Outre le critère de taille, on peut définir les PME par des critères d'engagement* personnel et financier: 'Les PME sont celles dans lesquelles les chefs d'entreprise assurent personnellement et directement les responsabilités financières, techniques, sociales et morales de l'entreprise, quelle que soit sa forme juridique*'. (H. Mahé)

Les Multinationales: leurs critères de définition sont multiples mais on retiendra qu'elles sont en général de grandes entreprises qui s'étendent sur de nombreux pays. Elles ont toutefois un enracinement* national distinctif et la distribution de leurs capitaux n'est pas égale entre les divers pays. Ces multinationales sont parfois européennes ou japonaises, le plus souvent américaines.

Le Statut Juridique des Entreprises

L'Entreprise Individuelle. C'est le type le plus simple d'entreprise dont le propriétaire utilise ses propres moyens pour financer ses activités professionnelles. C'est lui qui gère l'entreprise et il peut travailler seul ou avoir quelques employés. Typiquement c'est le petit magasin ou l'atelier de l'artisan. Lui seul touche les bénéfices mais la responsabilité financière du patron est totale en cas de faillite*.

LES SOCIÉTÉS.

> La société est une personne morale, réunissant par contrat un ensemble de personnes qui apportent des biens et forment ainsi une entité collective existant selon des règles communes, indépendamment des personnes physiques qui y participent.
>
> (J. Brémond et A. Gélédan)

Différents types de sociétés (seuls les plus importants ont été retenus):

Les Sociétés de Personnes

Dans ce type de société les associés (2 ou plus) se connaissent et se font confiance*.

La société en nom collectif. Tous les associés sont responsables personnellement et solidairement des dettes de l'entreprise. Ils sont groupés sous une raison sociale* comportant généralement le nom de famille des associés.

• Exemple:
—Maison Baudoin Frères

La société en commandite simple. Elle se compose de commanditaires et de commandités.

Les commanditaires sont des personnes ayant prêté des capitaux mais ne participant pas à la gestion* de l'entreprise. Ils ne sont responsables que dans la mesure de leur apport financier.

Il doit y avoir un ou plusieurs commandités. Ce sont des associés gérant l'entreprise. Leur responsabilité financière n'est pas limitée et comprend donc leurs biens personnels.

Ces formes de sociétés sont en baisse mais, par contre, les sociétés de capitaux se développent de plus en plus.

Les Sociétés de Capitaux

Elles sont basées sur le principe d'apport collectif de capitaux (apportés par un grand nombre d'actionnaires*) et sur la responsabilité limitée (la responsabilité de chaque actionnaire ne va pas plus loin que la valeur de ses actions*).

Une action est un titre de propriété d'une fraction de l'entreprise.

Dans ces sociétés les associés n'ont pas de liens entre eux. Ils peuvent vendre ou acheter des actions librement. Ils ne sont responsables des dettes de la société que dans la mesure de leur apport.

La société en commandite par actions. Elle est composée comme une société en commandite simple mais les parts des commanditaires sont représentées par des actions.

La Société Anonyme (SA). Le capital d'une telle société est divisé en actions. Théoriquement, chaque actionnaire participe à la gestion de l'entreprise à travers les Assemblées Générales*, où sa voix est représentative. Il participe aux bénéfices appelés dividendes.

En cas de dettes de la société, la responsabilité personnelle des actionnaires est réduite à leur participation, c'est-à-dire la valeur des actions dont ils sont propriétaires.

La SA est gérée par un conseil d'administration* dont les membres n'ont aucun pouvoir individuel à l'exception du Président élu par le conseil. Dans un modèle de SA plus récent et plus démocratique le conseil d'administration et le Président ont été remplacés par un conseil de surveillance ayant des pouvoirs de contrôle et un directoire*. Ce directoire est un groupe de 2 à 5 directeurs qui a le pouvoir d'agir au nom de la société.

La Société à Responsabilité Limitée (SARL). Les sociétés à responsabilité limitée ont été créées pour pallier à l'insuffisance des capitaux que pouvaient réunir les entreprises individuelles ou les sociétés de personnes.

Les SARL, qui sont souvent des entreprises familiales, bénéficient d'une législation particulièrement souple en ce qui concerne les associés (les conjoints ou enfants mineurs peuvent être associés) et la responsabilité (en cas de faillite, les biens personnels ne sont pas affectés). Par ailleurs le capital minimum nécessaire pour mettre sur pied une SARL est relativement bas, ce qui explique pourquoi la plupart des petites entreprises sont des SARL. Une restriction cependant: les associés ne sont pas libres de vendre leurs parts sans l'accord des autres associés.

Depuis 1986 une variante de la SARL a été créée: l'Entreprise Unipersonnelle à Responsabilité Limitée (EURL) dont le seul associé est le propriétaire de la société.

Les SA et SARL sont les types de sociétés les plus répandus.

Un dernier type de société, les Eurofirmes, est en voie de développement. Ce sont des sociétés soumises à une législation supranationale de droit européen.

L'ORGANISATION DE L'ENTREPRISE

Organigramme et Direction

La plupart des entreprises sont organisées suivant un type hiérarchique et sont représentées graphiquement par les organigrammes* qui montrent l'organisation de l'entreprise, avec ses différents services et subdivisions. Au sommet de la pyramide est le Président (du conseil d'administration)*. Son rôle n'est pas nécessairement actif mais il présidera aux réunions du conseil d'administration. Si, comme c'est fréquemment le cas, le président est également l'administrateur en chef de l'entreprise, il sera **Président Directeur Général (PDG)***. Le Directeur Général est, à part le Président dont il dépend, le plus haut dans la hiérarchie de l'entreprise. Son rôle est de coordonner les divers services et de faire exécuter les décisions prises par le conseil d'administration.

Le Secrétaire Général supervise l'administration générale de l'entreprise. Il organise les réunions du conseil d'administration* et adresse aux membres du conseil l'ordre du jour* ainsi que le procès-verbal* du dernier conseil qui sera soumis à leur approbation. Le Secrétaire général est également la personne qui sert de lien entre l'entreprise et les actionnaires.

Dans les grandes entreprises les différents services ont à leur tête un directeur (directeur import-export, directeur commercial, etc). Le nombre des services varie bien entendu suivant l'importance de l'entreprise.

Le Directeur du personnel (ou chef du personnel) représente l'entreprise auprès des employés ou futurs employés. C'est lui qui est responsable du recrutement et de la formation des employés à tous les niveaux. Sa responsabilité s'étend également à l'établissement des contrats, aux négociations salariales et aux conditions de travail dans l'entreprise.

L'ensemble du personnel directeur constitue **la direction***.

Le Personnel

Le personnel est un terme générique s'appliquant à l'ensemble des personnes employées dans une entreprise.

Les Cadres. Le cadre est

> un employé supérieur investi d'une fonction de commandement, de contrôle ou de direction entraînant sa responsabilité dans l'activité d'une entreprise et possédant une formation technique, commerciale, juridique ou financière.
>
> (Larousse)

Le cadre est donc celui qui prend les décisions, décide qui va les exécuter, est responsable de leur exécution, et suit le progrès des opérations.

On distingue les cadres moyens et les cadres supérieurs, les cadres moyens étant destinés à diriger un groupe d'ouvriers ou d'employés alors que les cadres supérieurs dirigent fréquemment un service ou une entreprise. Le degré de responsabilité est reflété dans les salaires attribués à ces divers postes.

Ouvriers et Employés. Les ouvriers, comme les employés, sont des salariés travaillant sous contrat. L'employé travaille dans un bureau, par opposition à l'ouvrier qui travaille plutôt en atelier ou en usine et est un travailleur manuel, spécialisé ou non.

La nature du travail a beaucoup changé au cours des cinquante dernières années. Avec le déclin de l'agriculture les usines s'étaient remplies de 'cols bleus', ouvriers de toutes sortes. Plus récemment cependant, avec le développement de l'électronique et de la robotique, le nombre des travailleurs a diminué dans l'atelier ou l'usine. Si les 'cols bleus' se font moins nombreux, les 'cols blancs' en revanche sont une espèce en voie de développement. Ils travaillent plutôt dans des bureaux et comprennent les employés, les techniciens et les cadres.

La Culture d'Entreprise. L'entreprise n'est pas seulement un regroupement d'individus gouvernés par le profit et organisés anonymement dans le but de produire des biens ou des services. Un élément de cohésion existe entre les membres d'une telle organisation qui est ce qu'on appelle la **culture d'entreprise**. Elle se traduit par un code de comportement* qui n'est pas nécessairement écrit, par des valeurs promues par les dirigeants et acceptées par tous.

De manière plus tangible, la cohésion de l'entreprise est assurée par le **journal interne d'entreprise** qui assure la communication à tous les niveaux entre membres d'une même entreprise. Ce journal n'assure pas pour autant la participation des membres de l'entreprise aux décisions qui les affectent. Cette participation se réalise par l'intermédiaire du comité d'entreprise dont la fonction principale, essentiellement consultative, est de favoriser l'amélioration des conditions de travail. Ses membres sont élus par le personnel.

Indépendamment du comité d'entreprise, des délégués du personnel, élus par les travailleurs, peuvent représenter auprès des dirigeants les intérêts individuels ou collectifs des membres de l'entreprise. Il est à noter que les membres du comité d'entreprise et les délégués du personnel n'ont pas nécessairement d'affiliation syndicale.

VOCABULAIRE

entreprise (f) *business, firm*
données (f pl) *data*
planification (f) *planning*

biens (m pl) *goods*

atelier (m) *workshop*
semi-ouvré,-e *semi-finished (product)*
négoce (m) *trade*
engagement (m) *commitment*
juridique *legal*
enracinement (m) *roots*
faillite (f) *bankruptcy*
faire confiance *to trust*
raison sociale (f) *trade name, corporate name*
gestion (f) *management*
actionnaire (m,f) *shareholder*
action (f) *share*
assemblée générale (f) *annual general meeting*
conseil d'administration (m) *board of directors*
directoire (m) *senior management team*

organigramme (m) *organization chart*
président,-e (du conseil d'administration) (m,f) *chairman (of the board)*
président directeur général (m) *chairman and managing director*
réunion du conseil d'administration (f) *board meeting*
ordre du jour (m) *agenda*
procès-verbal (m) *minutes*
direction (f) *board of directors, management*
comportement (m) *behaviour*

Vocabulaire Complémentaire

fabrique (f) *factory*:
    établissement industriel ayant pour objet de transformer les matières premières déjà préparées en produits manufacturés susceptibles d'être livrés au commerce. (Larousse)

    • Exemple:
    —une fabrique de chaussures

manufacture (f) *factory*:
    mot vieilli qui indique le procédé de fabrication des marchandises qui sont réalisées essentiellement à la main. De nos jours ce mot s'applique souvent au lieu de production d'objets d'art.

    • Exemples:
    —une manufacture de verrerie, de porcelaine, de tapisseries.

association de personnes (f) *partnership*
s'associer *to enter into partnership*
société à responsabilité limitée (f) *limited liability company*
responsable (financièrement ou juridiquement) *liable*
entreprise familiale (f) *family concern*
société mère (f) *parent company*
filiale (f) *subsidiary*
succursale (f) *branch*
racheter (une entreprise) *to take over*
prendre le contrôle (d'une entreprise) *to take over*
offre publique d'achat (f) *take-over bid*

ACTIVITES

1. Répondez aux questions suivantes:

    a. Quelle est la taille d'une PME ?
    b. Quelle est la différence entre une SA et une SARL ?
    c. A quoi sert un organigramme?
    d. Quelle est la différence entre le Président et le Directeur Général d'une entreprise?
    e. Qu'est-ce qui distingue les ouvriers des employés?

2. Traduisez

    a. en anglais:

        —Elle est le PDG d'une SARL.
        —Tous les ans on doit convoquer une Assemblée Générale de tous les actionnaires.
        —'Responsabilité limitée' signifie que la responsabilité financière de chaque actionnaire est limitée à la valeur de ses actions.
        —Cette entreprise a deux filiales à l'étranger.
        —Le rapport annuel a été approuvé à main levée.
        —L'offre publique d'achat de cette entreprise sera dans les journaux dès demain.

b. en français:

—The meeting of the Board of Directors will be held on 26 May.

—I have not yet received the minutes of the last AGM.

Please make sure that the agenda is circulated in sufficient time for people to read it before the meeting.

—This item is not on the agenda. It will be discussed at the next meeting.

—Meetings can take up to 50% of a top executive's time.

—They have been taken over by a French firm whose head office is in Lille.

3. Conversation

A salaire égal, préféreriez-vous être chef d'une petite entreprise ou cadre d'une grande entreprise? Faites le profil du cadre par rapport à celui du chef d'entreprise.

4. Vous êtes employé(e) dans l'entreprise Précision Mécano Plastique.

En vous servant de l'organigramme ci-dessous vous expliquez à un visiteur l'organisation de l'entreprise: Qui est M. Guimon? Pourquoi y a-t il deux colonnes sur l'organigramme? etc.

ORGANIGRAMME FONCTIONNEL
Novembre 1991

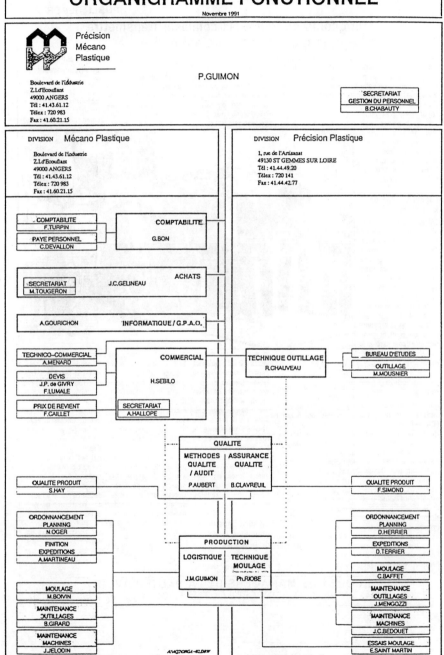

Précision
Mécano
Plastique

P.GUIMON

Boulevard de l'Industrie
Z.I.d'Ecouflant
49000 ANGERS
Tél : 41.43.61.12
Télex : 720 983
Fax : 41.60.21.15

SECRETARIAT
GESTION DU PERSONNEL
B.CHABAUTY

DIVISION Mécano Plastique

Boulevard de l'Industrie
Z.I.d'Ecouflant
49000 ANGERS
Tél : 41.43.61.12
Télex : 720 983
Fax : 41.60.21.15

DIVISION   Précision Plastique

1, rue de l'Artisanat
49130 ST GEMMES SUR LOIRE
Tél : 41.44.49.20
Télex : 720 141
Fax : 41.44.42.77

COMPTABILITE
F.TURPIN

PAYE PERSONNEL
C.DEVALLON

COMPTABILITE
G.BON

SECRETARIAT
M.TOUGERON

ACHATS
J.C.GELINEAU

A.GOURICHON

INFORMATIQUE / G.P.A.O.

TECHNICO-COMMERCIAL
A.MENARD

DEVIS
J.P. de GIVRY
F.LUMALE

PRIX DE REVIENT
F.CAILLET

COMMERCIAL
H.SEBILO

SECRETARIAT
A.HALLOPE

TECHNIQUE OUTILLAGE
R.CHAUVEAU

BUREAU D'ETUDES

OUTILLAGE
M.MOUSNIER

QUALITE

METHODES QUALITE / AUDIT	ASSURANCE QUALITE
P.AUBERT	B.CLAVREUIL

QUALITE PRODUIT
S.HAY

QUALITE PRODUIT
F.SIMOND

ORDONNANCEMENT PLANNING
N.OGER

FINITION EXPEDITIONS
A.MARTINEAU

PRODUCTION

LOGISTIQUE	TECHNIQUE MOULAGE
J.M.GUIMON	Ph.RIOBE

ORDONNANCEMENT PLANNING
D.HERRIER

EXPEDITIONS
D.TERRIER

MOULAGE
C.BAFFET

MOULAGE
M.BOIVIN

MAINTENANCE OUTILLAGES
B.GIRARD

MAINTENANCE MACHINES
J.JELODIN

MAINTENANCE OUTILLAGES
J.MENGOZZI

MAINTENANCE MACHINES
J.C.BEDOUET

ESSAIS MOULAGE
E.SAINT MARTIN

5. Lisez le texte suivant

"Dirigeants de PME-PMI, comment transmettre la réussite de votre entreprise"

Vous êtes manager mais vous allez bientôt passer à quelqu'un d'autre les commandes de votre entreprise. Vous souhaitez, bien sûr, que son rayonnement se poursuive. L'Ecole des Managers, peut vous y aider. Informations Entreprise a rencontré le directeur de son établissement d'Annecy, Monsieur DUFFOURD.

Léguer le sens de la réussite

S'il est facile à un chef d'entreprise de léguer un savoir-faire, un capital ou des équipements, il paraît en revanche plus difficile de transmettre un sens personnel de la réussite sans que le repreneur sacrifie pour autant son identité et son originalité. Le motiver, lui apprendre à être à son tour performant sont pourtant indispensables pour assurer à la transmission la pleine réussite.

Une formation unique

Soutenue par des puissantes institutions (Conseil Général de Haute-Savoie, Conseil Régional Rhône Alpes, CCI de Haute-Savoie, Association Patronale Interprofessionnelle, Banque Populaire de Savoie, Crédit Agricole, Direction Régionale de l'Industrie et de la Recherche, Association Progrès du Management), l'Ecole des Managers d'Annecy est, avec les cinq autres Ecoles de Managers en France, dotée d'une

structure nationale unique, nouvelle et experimentee. Tous ses intervenants sont des experts confirmes de la PME-PMI.

Un concept pédagogique unique

L'Ecole de Haute-Savoie est administrée selon une charte commune aux six écoles, qui garantit une philosophie et une pédagogie semblables. Les concepts pédagogiques sont orientés autour d'une "formation-action" qui permet aux participants, à l'issue d'un programme général de deux mois et demi à temps partiel (stratégie, marketing, finance, gestion de ressources humaines), de dresser un bilan-diagnostic de leur entreprise. Celui-ci leur donne la possibilité de

bien connaître les points forts et les points faibles de leur société, son environnement, sa clientèle, pour dans un troisième temps, être en mesure d'élaborer un plan de développement. C'est à ce

stade du programme que les candidats à la reprise peuvent vraiment évaluer leurs capacités et prendre conscience de la réalité de leur motivation. Il leur est alors encore possible de renoncer. En trois ans d'existence, le réseau des Ecoles de Managers a assisté à quatre renoncements qui, soulignons-le, sont en fait quatre échecs en moins dans les statistiques françaises de faillites d'entreprises.

Le suivi dans les premières années de la reprise

Pour être efficace, la formation à l'Ecole des Ma-

nagers doit prendre place au moins trois ans avant la date prévisible de la reprise. Dans les premières années suivant la passation de pouvoir, les repreneurs formés à Annecy sont suivis par des

"parrains", membres de l'Association Progrès du Management qui leur apportent une aide individuelle et un soutien sur les plans commercial et marketing notamment, sous une forme relationnelle ou opérationnelle. Cette démarche, dont l'intérêt et l'efficacité sont évidents, a été instaurée par l'Ecole d'Annecy qui est, pour le moment, la seule à l'appliquer. Compte tenu de ses résultats, d'autres écoles ne vont sans doute pas tarder à la reprendre à leur tour.

Des résultats plus qu'encourageants

Depuis sa création, en 1988, le réseau des Ecoles de Managers (centre de formation agréé) a su préparer 150 candidats à la reprise, dont 75 ont déjà mené leur projet à son terme et, à chaque fois, l'entreprise a connu un développement important.

Comme Laval, Quimper, Vesoul, Orléans et Vichy, Annecy (et, à travers elle, les chefs d'entreprise participant activement au projet) fait montre d'un bel exemple de solidarité et de responsabilité. A Annecy, des chefs d'entreprise ont décidé de passer à l'action pour contribuer à maintenir le tissu économique local. La sauvegarde de l'économie française passe par des initiatives de ce genre. Solidarité et engagement en sont les mots-clés...

ECOLE DES MANAGERS DE LA HAUTE-SAVOIE
BP 243 - 74942 ANNECY-LE-VIEUX CEDEX - TEL: 50 64 11 70 FAX: 50 64 02 80

a. Quelle est la signification des mots: léguer, doté de, un intervenant, la passation de pouvoir, la démarche, agréé, engagement.

b. Jeu de rôles (à faire par groupes de deux étudiants):

Vous êtes le Directeur de cette école de managers et vous essayez de 'vendre' votre programme à un chef d'entreprise qui songe à la retraite. Votre vis-à-vis pose des questions pertinentes afin d'être sûr de ne pas gaspiller ses ressources.

V

LA GESTION

GESTION ET MANAGEMENT

Qu'est-ce que la Gestion?

L'entreprise étant considérée comme un cas particulier d'organisation, la gestion peut être définie comme 'l'application des sciences à la conduite des organisations'. (P. Lassègue)

Ainsi la gestion est à la fois scientifique et appliquée. Elle est scientifique en ce qu'elle utilise les sciences existantes comme l'économie, la statistique ou l'informatique. Elle s'appuie largement sur la recherche opérationnelle[*], que l'on peut définir comme l'application de méthodes scientifiques aux problèmes des organisations. Finalement elle utilise le droit[*], la sociologie et les langues. Tous ces apports sont mis au service de la gestion, du gouvernement d'une entreprise. La gestion n'est pas une science considérée comme avancement des connaissances dans un but purement désintéressé; elle est une science appliquée dont le but ultime est un but pratique, qui est la meilleure administration possible d'une entreprise, s'appuyant à la fois sur des connaissances et des sciences existantes et sur des méthodes souvent empiriques ayant fait leurs preuves. Elle reste toutefois ouverte à tous changements qui pourraient faciliter ou améliorer son efficacité[*].

Qu'est-ce que le Management?

Le terme 'management' qui s'est infiltré dans la langue française et y figure de plus en plus largement est rejeté par certains comme étant pur jargon et emprunt non nécessaire, destiné à donner une saveur anglo-saxonne à la conversation sans toutefois y rien apporter que le mot français 'gestion' ne suggère déjà.

Pour la majorité cependant, le management, bien qu'il ne s'oppose pas à la notion de gestion, ne la recouvre pas totalement et la dépasse par certains aspects.

Le choix du mot **direction** pour le gouvernement d'une entreprise implique que l'équipe dirigeante impose son vouloir par la voix hiérarchique.

Le mot **gestion** suggère plus une administration courante de l'entreprise qui, comme toute machine, doit être entretenue pour bien fonctionner. Elle consiste en décisions de routine, organisation du travail et contrôle du bon fonctionnement de l'entreprise à court terme, destinés à optimiser le fonctionnement de l'entreprise sans toutefois remettre en question les règles du jeu.

Le mot **management** s'applique à une gestion stratégique à long terme où des choix importants doivent être faits. C'est une conception plus dynamique impliquant un certain degré d'innovation. L'enseignement du 'management' style américain a tendance à être pragmatique: au lieu de se fonder sur des théories abstraites à appliquer aux problèmes sur le terrain, cet enseignement part des problèmes eux-mêmes et tente de les résoudre. Cette formule préconise essentiellement les études de cas* d'où se dégageront des méthodes pratiques applicables à d'autres cas. Ce style de management doit être souple. Il doit s'adapter constamment aux changements environnants: pas d'idées préconçues, une grande ouverture d'esprit sont la règle. C'est une conception moins rigide et moins statique que celle de la gestion traditionnelle car elle est l'ennemie de la routine et suppose une remise en question constante.

LES MOTS-CLES DU MANAGEMENT
Objectifs et Stratégies

Il appartient à l'équipe dirigeante de toute entreprise de définir clairement dès le début ses objectifs, c'est-à-dire les buts qu'elle se propose d'atteindre.

Le but de l'entreprise est normalement de réaliser un profit maximum. Cette notion, si simple soit-elle, implique une multiplicité de choix: profit à court ou à long terme? comment le réaliser? De là découle une politique générale qui implique des choix stratégiques. Ces choix sont opérés par l'équipe dirigeante et relèvent ainsi plutôt du management que de la gestion de l'entreprise au sens traditionnel.

La politique de l'entreprise et les stratégies par lesquelles elle sera mise en oeuvre ont pour but ultime de maximiser l'efficacité à atteindre les objectifs de l'entreprise. Des choix stratégiques dépendra l'avenir de l'entreprise, particulièrement lorsque ceux-ci l'engagent à long terme par de lourds investissements. Tout choix stratégique implique une analyse de tous les éléments disponibles à ce moment afin de faire un choix informé laissant au hasard, à la malchance, à l'imprévu* la plus petite place possible.

Sur quoi se fonde une Stratégie? Une stratégie doit se fonder d'abord sur une conception claire des objectifs.

Une stratégie doit utiliser l'analyse des diverses composantes de la conjoncture qui vont conditionner la demande et les facilités d'investissement. Elle doit également intégrer à son analyse une étude serrée de la concurrence présente et future dans la mesure où elle peut être évaluée. Ainsi en 1992 la production dans un pays européen ne tenait fréquemment compte de la concurrence qu'au niveau national; à partir de 1993 cette concurrence se situe à un niveau européen.

Une stratégie doit tenir compte des ressources de l'entreprise en effectifs, en expertise, en ressources financières et technologiques. Elle doit se fonder sur une connaissance claire des faiblesses et des forces de l'entreprise.

Enfin toute stratégie, même souhaitable du point de vue du profit, se trouve parfois limitée par des facteurs externes qui la rendraient inacceptable, comme des pratiques illégales ou dangereuses.

Qu'arriverait-il sans Stratégie? La notion de stratégie dans l'entreprise a fait son apparition vers le milieu du vingtième siècle. Or les affaires marchaient bien avant. C'est tout simplement parce que, comme Monsieur Jourdain faisait de la prose sans le savoir, les industriels faisaient de la stratégie sans s'en rendre compte. C'est donc souvent une question de terminologie. Mais qu'arriverait-il sans cette notion de stratégie?

Pour un général, la stratégie dans la préparation d'une bataille consiste à bien placer ses troupes. Si braves soient-elles, si elles sont mal placées au début, la bataille est déjà pratiquement perdue. Il en est de même en affaires: une bonne stratégie, à savoir un bon positionnement au départ, assorti* d'une bonne gestion, aura de grandes chances de réussir. Si le positionnement de l'entreprise n'est pas jugé satisfaisant par l'équipe dirigeante, cette dernière devra le modifier par des choix stratégiques qui pourront porter par exemple sur la diversification de la gamme* de produits, l'élargissement des marchés, les investissements technologiques, voire des alliances avec des concurrents.

Faute de repenser constamment sa position, l'entreprise ne mettra pas en oeuvre les stratégies correctes. Elle risque de se trouver en difficulté à plus ou moins longue échéance et la concurrence saura profiter de sa faiblesse. Si l'équipe dirigeante n'est pas en mesure de formuler des stratégies satisfaisantes pour améliorer ou redresser la situation, elle peut faire appel à un consultant qui, après analyse approfondie des données, suggérera des stratégies nouvelles, parfois même des objectifs nouveaux.

Le Chef d'Entreprise

Le métier de chef d'entreprise suppose une multiplicité de talents. Le but, encore une fois, est de produire des biens de consommation ou des services et de les vendre en réalisant un profit.

Faire démarrer une entreprise peut paraître relativement aisé mais plus délicate sera, par la suite, la tâche de maintenir cette entreprise à flot et de la faire prospérer.

Une fois l'entreprise établie, le PDG sera responsable de son bon fonctionnement et de son avenir, qu'il s'agisse de l'efficacité du personnel, des investissements en matériel ou de l'expansion par la recherche de nouveaux marchés. Les choix stratégiques qu'il devra faire dépendront d'une bonne information à tous les niveaux. Armé de cette information il doit être capable de jugement objectif, ce qui implique un certain recul et une capacité d'autocritique, sans parler de savoir accepter les critiques des autres qui peuvent porter en elles les clés du problème.

Le chef d'entreprise doit être un homme capable de décision mais il doit aussi connaître ses limitations personnelles et savoir déléguer ses responsabilités. C'est à lui de s'entourer de spécialistes et de conseillers à l'expertise desquels il saura faire appel. Le recrutement de ces collaborateurs est donc d'une importance capitale dans le bon fonctionnement de l'entreprise. Il doit les choisir compétents, performants* et fiables*. De leur attitude commune naîtra la culture d'entreprise, témoin de l'identité vivante qu'est l'entreprise.

Un chef d'entreprise doit être un homme actif, souple, ennemi de la routine, ouvert aux innovations. Là encore son jugement et ses décisions tiennent une place prépondérante: des changements trop radicaux ou trop rapides peuvent en effet avoir des résultats désastreux. Par exemple, une expansion trop rapide ou encore l'introduction trop massive de l'informatique dans un cadre inapproprié risque d'aller à l'encontre du but recherché.

L'INFORMATION DANS L'ENTREPRISE
Savoir s'Informer

Le Besoin d'Information. Les décisions du chef d'entreprise dépendent en grande partie d'une information aussi complète et aussi sûre que possible. Toute entreprise qui se respecte doit avoir une documentation suffisante pour s'assurer rapidement l'accès à une information correcte, détaillée et complète.

Selon la nature de l'information et les ressources technologiques de l'entreprise, ces données peuvent être disponibles sur support papier ou informatique.

Quelle Information? L'information pratique de base: calendriers, horaires de transports, plans de villes, annuaires téléphoniques, etc.

Des fichiers* et carnets d'adresses composés au gré des rencontres, des lectures ou des conversations et indiquant les coordonnées* de fournisseurs*, clients, partenaires ou de toute personne qui pourrait être utile.

Les 'textes', c'est-à-dire toute information officielle concernant les lois sociales, les réglementations fiscales, le droit commercial, les lois sur l'environnement, les réglementations européennes.

La documentation économique adéquate: sondages* et statistiques, articles de journaux ou de revues spécialisées donnant l'information courante sur la conjoncture, les marchés ou les produits appropriés.

L'information technique la plus récente pour se tenir au courant des développements de pointe*, des brevets* et des progrès de la recherche scientifique.

Informer les Autres

Informer les autres ou leur donner des ordres au sein de l'entreprise peut se faire par l'intermédiaire de divers documents écrits dont les plus fréquents sont:

Les **notes de service***, pour donner un ordre spécifique concernant le travail de l'entreprise, parfois pour transmettre une information à mettre sur un tableau d'affichage*. Ce type de document est envoyé de la direction à un service, d'un service à un autre, du siège administratif à une succursale. C'est dire que la note de service est formulée dans un style impersonnel. Elle est en général brève et est libellée sur du papier à en-tête*, parfois sur un imprimé spécial;

Les **instructions** pour la transmission des ordres, les **consignes** qui sont des instructions formelles laissant peu de place à l'initiative et les **directives** qui laissent une certaine liberté d'action à la personne qui doit les mettre en application;

Le **procès-verbal:** texte qui fait état des décisions prises à une réunion officielle. Il doit être précis, clair et objectif. Seules les décisions sont rapportées, les débats les précédant n'étant jamais inclus. Le procès-verbal inclut entre autres l'ordre du jour, les résolutions proposées et les résultats du vote sur celles-ci;

Le **rapport** est un document élaboré à la demande d'un supérieur hiérarchique en vue de faciliter l'appréciation qu'il a d'une situation. Le rapport expose les faits, fournit la documentation nécessaire, propose des mesures si cela semble approprié et suggère la manière dont elles pourraient être mises en oeuvre;

Le **compte-rendu** est aussi un document qui 'rend compte' par exemple d'une réunion, d'un entretien ou d'une visite. C'est uniquement un état de fait et, à l'encontre du rapport, il ne suggère pas de mesures à prendre.

Les Ordinateurs

Malgré l'importance de l'information écrite il est incontestable que les ordinateurs sont employés de plus en plus fréquemment comme moyen d'information et de communication.

La notion de **système d'information** appliquée à la gestion d'entreprise peut recouvrir maints aspects de l'informatique et de ses applications. M. Chokron et R. Reix ont résumé ainsi les usages de l'information:

- L'information est l'instrument de support et de coordination des processus de gestion;

- l'information est un instrument de communication dans l'organisation;

- l'information est un support de la connaissance des individus;

- l'information est un instrument de liaison avec l'environnement.

Reprenant point par point cette définition nous voyons que:

L'information comme instrument de support et de coordination des processus de gestion est chronologiquement le premier usage et forme toujours, malgré d'autres développements, l'essentiel des systèmes d'information de l'entreprise. Gérer efficacement implique la prise de décisions fondées sur un ensemble de faits ordonnés logiquement dans le but de réaliser les objectifs de l'entreprise. Les informations sont stockées, traitées puis diffusées.

L'informatique offre une rapidité et une sûreté d'information d'autant plus élevées que les progrès technologiques ne cessent d'améliorer la capacité et l'adaptabilité des systèmes.

> • Exemples:
> —la gestion des commandes*, des approvisionnements*, des stocks.

Après la fonction d'information s'est développée la fonction de communication. Celle-ci est maintenant devenue une fonction par elle-même et trouve des applications dans la bureautique avec les messageries électroniques*, les banques de données* et la télématique. (Voir Chapitre 6)

En plus d'une vaste capacité de mémorisation des informations, l'informatique offre des systèmes interactifs facilitant les processus de décision et les rendant beaucoup plus rapides par des représentations graphiques, des modèles d'interaction et des techniques de simulation. Finalement l'information peut être étendue à l'environnement de l'entreprise par rapport aux utilisations 'internes' précitées. En cela elle peut favoriser les rapports entre fournisseurs et clients, donc influencer l'élément de concurrence.

• Exemple 1:

—Certaines grosses entreprises installent des terminaux chez leurs clients pour encourager la prise de commandes. Beaucoup prennent les commandes par Minitel (voir Chapitre 6), ce qui est d'un coût moins élevé et facilite également la prise de commandes.

• Exemple 2:

—Le produit est le lien dans le rapport fournisseur-client. Sa qualité intrinsèque et son conditionnement[*] ne sont pas toujours suffisants pour satisfaire le client. Un mode d'emploi clair (certains sont lisibles par ordinateur), un service de renseignements en cas de difficultés d'utilisation seront autant d'atouts[*] pour influencer la concurrence en votre faveur.

VOCABULAIRE

recherche opérationnelle (f) *operational research*
droit (m) *law*
efficacité (f) *efficiency*
saveur (f) *flavour*
étude de cas (f) *case study*
imprévu,-e *unforeseen*
assorti de *together with*
gamme (f) *range*
performant,-e *efficient*
fiable *reliable, dependable*

fichier (m) *card index*
coordonnées (f pl) *details*
fournisseur (m) *supplier*
sondage (m) *survey*
de pointe *advanced*
brevet (m) *patent*
note de service (f) *memo*
tableau d'affichage (m) *notice board*

papier à en-tête (m) *headed notepaper*
commande (f) *order*
approvisionnement (m) *supply*
messagerie électronique (f) *electronic mail*
banque de données (f) *data base*
conditionnement (m) *packaging*
atout (m) *asset, trump card*

Vocabulaire Complémentaire

aviser *to notify*
déclaration (f) *statement*
délibérations (f pl) *proceedings*
vote à main levée (m) *show of hands*
vote à bulletins secrets (m) *secret ballot*
officieusement *off the record*
lever la séance *to close the meeting*
informatiser *to computerize*
traiter *to process*
conception assistée par ordinateur (CAO) (f) *computer-aided design*
matériel (m) *hardware*
logiciel (m) *software*
mémorisation (f) *storage*

ACTIVITES

1. Le chef d'entreprise

    En vous référant aux pages 72-3 faites une liste des qualités qui sont nécessaires à un bon chef d'entreprise et complétez-la avec vos propres idées.

2. La loi de Parkinson

    L'historien et auteur Cyril Northcote Parkinson a décrit dans son livre 'Parkinson's Law' comment le travail augmente pour remplir le temps qui lui est consacré:

    > The rise in the total of those employed is governed by Parkinson's Law and would be much the same whether the volume of work was to increase, diminish or even disappear.

Que pensez-vous de cette 'loi'? Essayez de lui trouver des illustrations.

3.

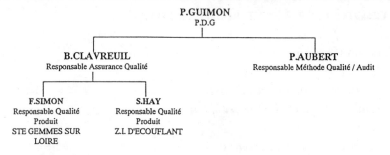

Précision
Mécano
Plastique

ASSURANCE QUALITE

ORGANISATION DU SERVICE ASSURANCE QUALITE

P.GUIMON
P.D.G

B.CLAVREUIL
Responsable Assurance Qualité

P.AUBERT
Responsable Méthode Qualité / Audit

F.SIMON
Responsable Qualité
Produit
STE GEMMES SUR
LOIRE

S.HAY
Responsable Qualité
Produit
Z.I. D'ECOUFLANT

1 personne en contrôle final sur chaque site

ORGANISATION QUALITE DANS CHAQUE EQUIPE

– 1 personne dans chaque équipe pour effectuer l'auto–contrôle, la Maîtrise Statistique du Procédé, la traçabilité, ...
– Les tables auto–contrôle sont à l'origine de la qualité en production, une aide considérable pour les équipes au niveau de l'application de certaines procédures.

LES EQUIPEMENTS DE MESURES, DE CONTROLE ET D'ESSAI

– Centre de mesure et de contrôle tridimensionnel assisté par ordinateur
– Système de mesure optique 2D assisté par ordinateur
– Melt Indexeur pour le contrôle réception des matières plastiques
– G.Q.A.O Gestion de la Qualité Assistée par ordinateur
    * Le logiciel de maîtrise totale de la qualité MULTISTAT (E.M.C) apporte un soutien efficace au service
    Qualité, qui a pour objectif le "0 défaut"
    * Nous sommes équipés des modules suivants :
        – module de base (gamme de contrôle, M.S.P)
        – module de gestion M.S.P + attributs
        – module de gestion des instruments de mesures (étalonnage)

OBJECTIFS

Zéro défaut / Zéro dérogation

Comment? : Par la **PREVENTION**, après c'est trop tard!

Comment assurer la Qualité?   1/ Assurer la Qualité en conception
                                    2/ Un procédé capable de produire
                                    3/ Des hommes et des femmes compétents
                                    4/ Des matières conformes
                                    5/ Des modes opératoires clairs

a. Lisez la feuille 'Assurance Qualité' de l'entreprise Précision Mécano Plastique. Quelle est la philosophie qui se dégage de ce document?

b. Quels sont les objectifs à atteindre?

c. Comment les réaliser?

4.

RONDISSIMO, UNE AFFAIRE QUI TOURNE

◆ Qu'est-ce qui différencie une rondouillarde d'une jolie rondelette? La façon d'habiller ses rondeurs... Oui, mais voilà: les créateurs de mode, pas plus que les industriels, ne s'intéressent guère aux femmes « enveloppées ». Les « grandes tailles » existent certes, mais sinistres à pleurer, et elles cachent plus qu'elles n'habillent.

Deux sœurs — Charlotte Arman et Viviane Montluc — avaient justement hérité de leurs parents une entreprise de confection pour la catégorie « femmes fortes »... à laquelle elles-mêmes appartiennent. « Tous les matins, au moment de s'habiller, c'était la déprime », se souviennent-elles. Arrive en 1986 un jeune styliste, Alain Weizman, qui leur dessine une belle robe de fête pour dames rondes. Sceptiques, elles en commandent dix — pour voir. Sûr de lui, Weizman en livre cinquante... qu'elles vendent dans la journée! Et c'est parti! Le styliste s'associe alors aux deux belles pour lancer une collection « Pour nous les rondes » dans 1 500 points de vente. Submergés par la demande, les détaillants en réclament toujours davantage.

En 1990 démarre le premier magasin Rondissimo, prélude à une chaîne qui en compte aujourd'hui dix-sept, dont un en Espagne et sept à Paris. Chiffre d'affaires prévu pour 1991: 90 millions de francs, avec des ventes en Allemagne, en Italie, en Belgique, en Suisse ainsi qu'en Finlande.

La recette du succès? Un bon créneau, une bonne idée et une distribution bien contrôlée. Preuve qu'on peut encore réussir dans l'habillement, un secteur marqué par une conjoncture maussade et battu en brèche par la concurrence étrangère (4 milliards de francs de déficit commercial pour le seul premier semestre 1991).

CHANTAL BIALOBOS ●

© L'Expansion

a. Vous avez ici l'histoire d'un succès. A quoi est-il dû? A la chance? ou..?

b. Que pouvez-vous retirer de cette expérience qui soit applicable à d'autres entreprises et d'autres produits?

5.

Le management ou la gestion ? Un point de vue

Il y a plus de trente ans déjà, les « papes » du management présentaient cette nouvelle discipline comme étant « la capacité de générer des résultats et de faire progresser une organisation à travers l'animation des hommes ». Une définition qui, par les points importants, les notions-clé et les problèmes qu'elle soulève, reste d'actualité et permet de préciser le profil du manager.

C'est un homme qui, par son savoir-faire et la mobilisation qu'il saura créer autour d'objectifs ambitieux et réalistes, pourra répondre aux nouvelles exigences économiques, sociales et industrielles du monde d'aujourd'hui et de celui de demain.

CRÉER UNE DYNAMIQUE

Le mot management implique une dynamique. Un manager aujourd'hui doit savoir créer et gérer le mouvement. Telle n'est pas forcément la vision la plus partagée dans notre vieille culture. Or, il existe une différence fondamentale entre la notion de gestion statique et le concept de management qui implique transformation.

L'insuffisante prise en compte de l'essence dynamique du management est bien un des éléments qui peut différencier nos façons de conduire les entreprises par rapport à d'autres.

C'est ainsi que le management italien, plus que le nôtre, frappe par son élan.

Nos systèmes éducatif et administratif n'y sont pas étrangers. En effet, tristement uniques en leur genre, ils veulent que la plupart des postes de responsabilité soient alloués de façon quasi programmée.

Soit ils reviennent « par destination » à ceux qui détiennent certains diplômes, sorte de « clef dorée » qui a priori confère la garantie de pouvoir affronter les défis du management ; soit c'est trop souvent le critère d'ancienneté qui est source de légitimité.

Dans l'un et l'autre cas, la capacité d'animer, de gérer le changement n'est en rien acquise. La formation des élites ne privilégie pas forcément les qualités requises pour exercer un véritable leadership. La promotion à l'ancienneté, cela va de soi, n'est pas la meilleure façon de susciter une véritable élite capable de piloter.

C'est ainsi que le fonctionnement des banques a souffert, et souffre encore, d'un « sous-management », et ce à tous les niveaux. Conditionnée par une culture technique, la hiérarchie cherche à appliquer des solutions techniques et partielles à des problèmes globaux et de mutation. La banque française, comme la sidérurgie, titrait un journal, a moins évolué que dans d'autres pays. Il n'en est rien en matière technique ou de produits où elle reste dans le peloton des meilleures. C'est sans doute vrai dans ses structures, son fonctionnement, ses modes de relations.

Dans un métier où les produits et les techniques se banalisent de plus en plus, ce seront les modes de management qui feront la différence.

LES OBJECTIFS DU MANAGER

Quels que soient le domaine et le niveau hiérarchique où il se situe, un manager doit répondre à trois types d'objectifs : assurer les fonctions de routine, c'est-à-dire la quotidienneté, résoudre les problèmes quand « ça coince » et poursuivre des objectifs de valeur ajoutée.

Trop de managers se contentent d'assurer ces objectifs de routine. Ils accomplissent tous les jours les actions et les fonctions inscrites dans leur description de fonction et tentent de résoudre de façon ponctuelle les problèmes qui peuvent se présenter. Ce faisant, ils ne font que gérer l'acquis. On entretient de la sorte le système tel qu'il est. Avec le temps, on aboutit imperceptiblement et progressivement à créer les conditions du déclin.

L'OBLIGATION DE VALEUR AJOUTÉE

Situation des plus préoccupantes dans nos entreprises, trop de talents sont mobilisés pour gérer l'acquis. L'erreur est de croire que les managers sont efficaces quand ils résolvent des problèmes. Leur première responsabilité est davantage de réfléchir à la « valeur ajoutée » qu'il est nécessaire d'apporter en termes de mutation ou de transformation.

Tout manager, s'il veut complètement remplir son rôle, doit se demander ce qu'il va faire de différent demain par rapport à aujourd'hui. C'est en fonction du temps et du talent consacrés à ce type d'objectif que l'avenir sera ou non assuré.

La confusion doit donc cesser entre management et gestion. Le vrai manager, c'est celui qui va, certes, s'assurer que le court terme est géré, mais surtout chercher le nouveau produit ou service qui pourrait mieux répondre aux attentes des clients, la nouvelle organisation qui pourrait être plus efficace, ou comment mieux communiquer avec la clientèle ou améliorer les marges...

Un système de management adapté à notre époque doit résolument être tourné vers la création de la valeur ajoutée.

Cela ne s'improvise pas, cela ne se décrète pas. C'est une question de comportement et de méthodes.

SUSCITER LA MOTIVATION

Créer une dynamique d'affaires, convenir d'objectifs de valeur ajoutée sont indispensables à la réussite économique. Mais cela ne fonctionnera pas si le manager ne sait pas en même temps susciter la motivation des hommes. On touche là à l'interaction fondamentale entre dimension économique et dimension humaine.

Le manager doit, plus que jamais, être capable de mobiliser et de motiver. La motivation est la base du management. Il s'agit d'un « savoir-faire » de plus en plus complexe parce que le contexte est plus complexe et les attentes plus sophistiquées. La difficulté réside dans le fait, à première vue paradoxal, que l'on ne peut pas, en réalité, motiver les gens. Chacun se trouve être plus ou moins motivé à un moment donné dans un environnement donné. La qualité de l'animation, de la communication, de la formation, du style de relation, de la confiance suscitera ou non la motivation.

Le rôle du manager, ce n'est pas de motiver mais de créer les conditions favorables à la motivation de chacun. Plus un manager saura aider son entourage à participer, plus il y aura mouvement et motivation.

Ce « savoir-faire » ne s'improvise pas ; il s'apprend et implique un apprentissage.

Le manager d'aujourd'hui a la chance de pouvoir accéder à une véritable « boîte à outils » qui s'est progressivement constituée au fil des ans. Contrairement à ce que l'on a pu dire, on ne naît pas manager. On peut avoir plus ou moins de dispositions naturelles à animer. Il reste que l'acte de management a ses rites, ses règles, voire ses pièges.

Si un manager sait bien négocier les objectifs avec ses subordonnés, il crée une situation de motivation meilleure que si, par négligence ou par ignorance, il met son subordonné uniquement en position d'exécutant.

INVESTIR DANS LE QUALITATIF

Notre culture nationale est fondamentalement technicienne. On est prêt à investir dans des ordinateurs, et cela est impératif, mais on hésite à dépenser pour faire progresser une culture d'entreprise, pour former des gens. Nous devons nous convaincre qu'investir dans le qualitatif peut être rentable.

Au Japon, tout investissement technique comporte son volet d'investissement humain. C'est avec des plans de formation, construits sur trois à cinq ans, que les Japonais se donnent les moyens de conquérir des marchés nouveaux.

Fort heureusement, il y a en Europe des exemples qui viennent à l'appui de cette thèse. L'un des plus frappants est celui de Jaguar. En 1980, ce constructeur automobile était quasiment au bord de la faillite. En 1985, il a totalisé 127 millions de livres de profit et s'est classé 52e entreprise anglaise.

Pourtant, le produit est le même, la technique n'a pas changé. Ce sont les hommes qui ont porté la qualité à la hauteur d'une image traditionnellement prestigieuse. C'est bien le management qui a su faire la différence.

PENSER DEMAIN

Nous avons vécu l'époque des managers « super-techniciens ».

Aujourd'hui, les nouveaux managers feront leur place en ajoutant au progrès technologique nécessaire des spécialités nouvelles.

Ils devront mieux communiquer, gérer des relations avec des groupes, être à

l'écoute de l'environnement, manifester leur présence personnelle. Ils devront choisir une stratégie, l'incarner, gérer sa mise en œuvre, prendre des risques.

Il n'y a pas de profil idéal, valable pour toutes les entreprises et encore moins pour toutes les banques. Le bon manager est celui qui est capable de s'intégrer à la culture présente de son entreprise et de la faire évoluer en fonction des nécessités. (*)

Charles RILEY,
président du groupe
Charles RILEY Consultants
International

© Epargne et Finance

Faites un résumé du/des point(s) essentiel(s) de chaque paragraphe.

VI

LA COMMUNICATION

LE TELEPHONE

Le téléphone, malgré les multiples améliorations qui lui ont été apportées, repose toujours essentiellement sur le concept d'Alexander Graham Bell qui l'inventa en 1876: transformer l'énergie sonore en énergie électrique à un point A, la transmettre par un fil jusqu'à un récepteur au point B où elle est reconvertie en énergie sonore. Depuis ses débuts au siècle dernier, la souplesse et la fiabilité du système sont devenues presque infinies et la mise en communication des interlocuteurs* est extrêmement rapide. Les distances couvertes sont quasi illimitées grâce à l'utilisation des satellites.

L'entreprise étant de plus en plus dépendante de la communication, il est inconcevable de gérer une entreprise sans une ou plusieurs lignes téléphoniques.

L'utilisation du Téléphone

Les Téléphones Privés. Pour les téléphones privés il suffit de soulever le combiné*, de composer le numéro, précédé dans certains cas d'un code international, et de parler lorsque la communication est établie.

Les Téléphones Publics. Pour utiliser les téléphones publics vous pouvez vous servir de pièces de monnaie ou, dans les publiphones à cartes, d'une télécarte.

Dans les téléphones utilisant des pièces vous devez soulever le combiné et introduire une pièce (le minimum est indiqué). Lorsque vous avez la tonalité*, vous composez votre numéro. Si votre correspondant n'est pas là, votre pièce sera restituée lorsque vous reposerez le combiné. Si votre correspondant répond, la pièce sera utilisée et il vous faudra probablement en mettre d'autres, sinon votre communication sera coupée. Dans le cas où vous auriez mis trop de pièces avant de raccrocher,* elles vous seront rendues lorsque vous remettrez le combiné en place. Ces téléphones sont très pratiques mais malheureusement ils sont souvent l'objet de vandalisme. C'est la raison pour laquelle ils sont progressivement remplacés par des publiphones à cartes.

Lorsque vous désirez utiliser un **publiphone à carte** vous devez vous munir d'une télécarte. Les télécartes sont en vente à la poste, dans les bureaux de tabac et dans certains magasins. Lorsque vous aurez décroché* le combiné et introduit votre carte, un message écrit vous indiquera combien d'unités sont utilisables et vous demandera ensuite de faire le numéro de votre correspondant. A la fin de la communication un message écrit* vous signalera combien d'unités restent à utiliser sur votre carte.

Comment Connaître le Numéro d'un Abonné? La manière classique de trouver le numéro d'un abonné est d'utiliser un annuaire* sous forme de livre. Les Français utilisent cependant de plus en plus un annuaire électronique, le fameux Minitel. (Voir page 93)

*Un Numéro Vert.** C'est un numéro qui vous permet d'obtenir une communication gratuite facturée* à votre correspondant.

En général les numéros verts sont ceux d'entreprises qui cherchent à vendre quelque chose et n'hésitent donc pas à investir pour entrer en contact avec le client, ou encore d'organisations dont les membres peuvent téléphoner au bureau central sans dépenses supplémentaires. Exemple: certaines compagnies d'assurances.

Le Code Alphabétique. C'est un code donné par les PTT qui permet d'épeler* les noms sans commettre d'erreurs, particulièrement dans les cas où il est difficile de distinguer les sons ('d' et 't' entre autres).

Les noms s'épellent:

A ... Anatole	H ... Henri	O ... Oscar	V ... Victor
B ... Berthe	I ... Irma	P ... Pierre	W ... William
C ... Célestin	J ... Joseph	Q ... Quintal	X ... Xavier
D ... Désiré	K ... Kléber	R ... Raoul	Y ... Yvonne
E ... Eugène	L ... Louis	S ... Suzanne	Z ... Zoé
F ... François	M ... Marcel	T ... Thérèse	
G ... Gaston	N ... Nicolas	U ... Ursule	

Les chiffres s'énoncent:

Un	......	un tout seul	Dix	......	deux fois cinq
Six	......	deux fois trois	Treize	......	six et sept
Sept	......	quatre et trois	Seize	......	deux fois huit
Huit	......	deux fois quatre	Vingt	......	deux fois dix
Neuf	......	cinq et quatre			

Les Indicatifs Téléphoniques.

INDICATIFS TÉLÉPHONIQUES

Ain..... 85-7-79-74 ou 50		Dordogne	53	Lozère	66	Sarthe	43
Aisne	23	Doubs	81	Maine-et-Loire	41	Savoie	79
Allier	70	Drôme	75	Manche	33	Savoie (Haute)	50
Alpes (Hte-Prov.)	92	Eure	32	Marne	26	Paris	1
Alpes (Hautes)	92	Eure-et-Loir	37	Marne (Haute)	25	Seine-Maritime	35
Alpes-Maritimes	93	Finistère	98	Mayenne	43	Seine-et-Marne	6
Ardèche	75	Gard	66	Meurthe-et-Moselle	8	Yvelines	3
Ardennes	24	Garonne (Haute)	61	Meuse	29	Sèvres (Deux)	49
Ariège	61	Gers	62	Morbihan	97	Somme	22
Aube	25	Gironde	56-57	Moselle	8	Tarn	63
Aude	68	Hérault	67	Nièvre	86	Tarn-et-Garonne	63
Aveyron	65	Ille-et-Vilaine	99	Nord	20-27-28	Var	94
Bouches-du-Rhône	90	Indre	54	Oise	4	Vaucluse	90
	91 ou 42	Indre-et-Loire	47	Orne	33	Vendée	51
Calvados	31	Isère	7-74 ou 76	Pas-de-Calais	21	Vienne	49
Cantal	71	Jura	84	Puy-de-Dôme	73	Vienne (Haute)	55
Charente	45	Landes	58	Pyrénées-Atlantiques	59	Vosges	29
Charente-Maritime	46	Loir-et-Cher	54	Pyrénées (Hautes)	62	Yonne	86
Cher	48	Loire	77	Pyrénées Orientales	68	Territoire de Belfort	84
Corrèze	55	Loire (Haute)	71	Rhin (Bas)	88	Essonne	6
Corse	95	Loire-Atlantique	40	Rhin (Haut)	89	Hauts-de-Seine	1
Côte-d'Or	80	Loiret	38	Rhône	7 ou 74	Seine-Saint-Denis	1
Côtes-du-Nord	96	Lot	65	Saône (Haute)	84	Val-de-Marne	1
Creuse	55	Lot-et-Garonne	53	Saône-et-Loire	85	Val-d'Oise	3

Les Développements

La Réunion par Téléphone. La conversation téléphonique entre deux interlocuteurs peut être étendue à un nombre de personnes pouvant aller jusqu'à vingt. Beaucoup de villes françaises sont équipées de services de réunions par téléphone qui permettent aux interlocuteurs de se mettre en communication de leur bureau, de leur voiture ou même d'un publiphone.

Il suffit de réserver au plus tard 24 heures à l'avance en précisant le nombre de participants et la durée de la réunion. A l'heure convenue les interlocuteurs composent le numéro confidentiel pour se mettre en rapport. Un signal sonore cinq minutes avant la fin de la réunion leur indique qu'elle va bientôt prendre fin.

Le Télex. Le télex est un système d'information qui permet à ses abonnés[*] de se télégraphier directement sans passer par la poste. Il combine la rapidité du téléphone et la preuve écrite que donne une lettre. Les abonnés reçoivent en effet chacun une copie des messages, qu'ils soient récepteurs[*] ou émetteurs[*].

Chaque abonné du téléx a son numéro et son indicatif[*].
Le télex transmet le message automatiquement à une vitesse de 400 signes à la minute (approximativement 70 mots).

C'est un moyen de communication efficace, qui a l'avantage d'affranchir les correspondants du décalage horaire*. Vous envoyez votre télex à l'heure qui vous convient et il sera reçu par la machine du destinataire, même en pleine nuit et en son absence.

C'est aussi un moyen de communication sûr et qui comporte une trace écrite, non seulement du texte mais aussi du nom du correspondant, de la date et de l'heure de la transmission. Comme la correspondance tradition-nelle (voir page 103) il peut donc être utilisé en cas de contestation* devant les Tribunaux de Commerce. Si l'on compare les avantages du téléphone et ceux du télex, le premier apparaît comme un moyen de communication plus direct et plus personnel entre gens parlant la même langue et désirant un contact humain. Si votre correspondant parle mal votre langue, il préférera un télex plus clair auquel il pourra se référer. Le télex est donc un outil particulièrement utile dans les communications internationales.

La France a eu un certain retard par rapport à d'autres pays à s'équiper en télex. A peine cette forme de communication était-elle adoptée que la télécopie* faisait son apparition.

La Télécopie (ou Fax). L'enthousiasme actuel est tel pour la télécopie qu'elle menace de supplanter les autres formes de communication, à l'exception du téléphone.

Les télécopieurs* permettent la reproduction presque instantanée à distance de tout document sur papier. Ceci s'applique non seulement à des textes imprimés mais aussi à des textes manuscrits, des dessins, même des photos.

Chaque abonné a un numéro propre.

L'installation ne nécessite qu'une ligne téléphonique ordinaire et le branchement d'un télécopieur. Pour avoir de bonnes télécopies il faut de bonnes lignes téléphoniques. C'est pourquoi dans certains pays en voie de développement le télex reste préférable, mais les améliorations apportées au système téléphonique vont causer une désaffection de ce moyen de communication en faveur des télécopieurs. En effet les coûts d'installation des télécopieurs sont moindres, les machines sont moins encombrantes et le gain de temps de la télécopie est appréciable car il n'y a pas besoin de retaper* le message qui peut être envoyé tel quel, ni en fait d'avoir un opérateur qualifié. Comme le télex, la télécopie comporte une trace écrite et peut être reçue 24 heures sur 24.

INFORMATIQUE, BUREAUTIQUE, TÉLÉMATIQUE

L'informatique

L'informatique est la science du traitement logique et automatique de l'information.

La valeur de tout ce qui touche au traitement électronique de l'information par ordinateur a déjà été esquissée (voir Chapitre 5). L'informatique trouve des utilisations multiples dans la comptabilité*, la gestion des stocks, dans le marketing et dans la production (contrôle de processus). Le bureau* reste néanmoins le domaine où l'informatique est utilisée le plus systématiquement dans le contexte de l'entreprise.

La Bureautique

La bureautique est

> l'automatisation des tâches de secrétariat et de bureau grâce à des matériels électroniques, similaires aux ordinateurs mais en plus petit (mini-informatique). Une certaine polyvalence est requise pour recouvrir au niveau du bureau des tâches aussi variées que le traitement de textes*, le courrier répétitif, le traitement de l'information (gestion de fichiers, archivage, recherche documentaire), la comptabilité, la paie, etc.
>
> (CCIP)

La mini-informatique mentionnée dans la définition est le résultat d'une miniaturisation progressive des équipements d'informatique depuis les années 60. Depuis cette époque où les ordinateurs occupaient une pièce entière à eux tout seuls, l'équipement est progressivement devenu plus simple et de plus en plus petit grâce à la 'puce' électronique*, tout en devenant plus puissant et plus maniable*. Cela veut dire que les ordinateurs se sont standardisés et peuvent être produits en masse, donc à un coût de plus en plus bas.

Les machines de traitement de textes, qui sont des ordinateurs à fonction limitée, et les micro-ordinateurs à fonction ludique* illustrent particulièrement bien la vulgarisation de l'informatique. Ces outils sont devenus des objets domestiques qui peuvent être utilisés par un vaste public n'ayant pas de connaissances en informatique.

Les machines de traitement de textes permettent de taper un texte, d'en modifier la présentation, de le corriger, d'ajouter, de retrancher, de modifier, bref de parfaire le texte avant qu'il ne soit imprimé. Elles peuvent par ailleurs stocker et restituer toutes les informations emmagasinées* dans leur mémoire. Les micro-informateurs ayant la fonction de traitement de textes peuvent également bénéficier de tableurs* et de l'accès à des fichiers informatiques centraux*.

La Télématique

La télématique est

> le résultat du mariage entre télécommunication et informatique donnant la possibilité d'accès immédiat et à distance, à l'information gérée par un ordinateur, grâce à un terminal: une télévision, un téléphone, après adaptation, peuvent être utilisés dans ce but.
>
> (CCIP)

Le Minitel. Le Minitel est l'exemple de télématique le plus répandu en France. Il a été conçu à l'origine comme une alternative au traditionnel annuaire téléphonique sur papier. Pour encourager les abonnés, les services des Postes leur ont distribué gratuitement de petits ordinateurs avec claviers* et écrans* qui permettent de trouver le numéro désiré en étant reliés immédiatement à l'ordinateur central. L'avantage de ce système est que l'abonné obtient une information constamment mise à jour car les changements de données sont répertoriés* dans l'ordinateur central au fur et à mesure qu'ils sont signalés. Par ailleurs à une époque où la conservation des ressources naturelles est une préoccupation grandissante, l'utilisation du Minitel économise du papier et sauve donc des arbres.

Votre Minitel peut aussi être utilisé pour une multitude d'autres services. Vous ne payez toujours pas l'abonnement* de la machine mais vous êtes facturé pour les communications selon certains barèmes*. Vous pouvez par exemple communiquer avec votre banque sans quitter votre fauteuil, effectuer des paiements ou simplement consulter votre relevé de compte*. Vous pouvez organiser vos voyages par Minitel (horaires et billets), faire des réservations à l'hôtel, passer des commandes dans certains magasins et maisons de vente par correspondance*, etc. Dans bon nombre de familles l'usage du Minitel est devenu presque aussi commun que celui du téléphone.

L'audioconférence. L'audioconférence est un autre exemple de télématique, moins commun cependant car il ne s'adresse pas au grand public.

L'audioconférence permet de réunir des groupes de personnes éloignées qui peuvent ainsi dialoguer sans pour cela avoir à se déplacer. Il existe pour cela des studios publics d'audioconférences dans les principales villes de France. Un nombre croissant d'entreprises s'équipent de studios privés qui leur permettent une plus grande flexibilité.

Qu'il s'agisse de réunions par téléphone ou d'audioconférences, les gains de temps sont appréciables: l'information est diffusée de manière efficace et les décisions peuvent être prises après consultation sans avoir recours à des déplacements qui perdent du temps et coûtent cher à l'entreprise.

Issue du développement de l'informatique, la révolution de la télématique porte en elle les germes de toute une culture nouvelle qui aura des répercussions considérables sur le mode de vie des Français et sur leur vie professionnelle.

VOCABULAIRE

interlocuteur,-trice (m,f) *speaker*
combiné (m) *handset*
tonalité (f) *dialling tone*
raccrocher *to hang up*
décrocher *to pick up, to lift*
annuaire (m) *directory*
numéro vert (m) *freefone*
facturer *to invoice, to charge for something (on an invoice)*
épeler *to spell*

abonné,-e (m,f) *subscriber*
récepteur (m) *addressee*

émetteur (m) *sender*
indicatif (m) *code*
décalage horaire (m) *time difference*
contestation (f) *dispute*
télécopie (f) *fax*
télécopieur (m) *fax machine*
(re)taper *to (re)type*

comptabilité (f) *accountancy*
bureau (m) *office*
traitement de textes (m) *word-processing*
puce (électronique) (f) *microchip*
maniable *easy to handle*
ludique *play*
emmagasiner *to store*
tableur (m) *spreadsheet*
fichier informatique central (m) *data bank*
clavier (m) *keyboard*
écran (m) *screen, VDU*
répertorier *to list*
abonnement (m) *subscription*
barème (m) *scale, schedule, list*
relevé de compte (m) *statement (of account)*
vente par correspondance (f) *mail order (sales)*

ACTIVITES

1. Le téléphone

    Le téléphone est un outil au service de l'entreprise. Voici une liste (non exhaustive) de ses utilisations:

    a. Outil d'étude (enquêtes, sondages sur le lancement d'un nouveau produit).
    b. Outil commercial (prise de rendez-vous, constitution d'un fichier, publicité directe).
    c. Outil de vente (vente aux particuliers, service après-vente).

Dans chacun des cas précités établissez les avantages et les inconvénients du téléphone par rapport à d'autres moyens de communication.

2. Résumez oralement les services offerts par le Minitel dans le texte ci-dessous.

MINITEL PRATIQUE

Le 11 : une mine inépuisable de renseignements

Des dizaines de services à exploiter pour être encore plus efficace.

L'annuaire électronique (le 11) est le plus consulté des services Minitel avec 40 millions d'appels par mois. Il donne accès aux coordonnées des 24 millions d'abonnés au téléphone.

Economique. Les 3 premières minutes de consultation sont gratuites.

Urgent. Les services d'urgence de toutes les localités font l'objet d'une rubrique séparée : on peut trouver en quelques secondes le bon numéro.

Suivez la flèche. « → » Derrière elle, on peut découvrir une quantité d'informations sur les produits et services proposés par les commerçants et les entreprises.

Tous les types de recherches sont possibles par le 11, des plus simples aux plus sophistiquées : localiser un ami perdu de vue à partir de son nom, chercher les adresses des libraires de sa région, savoir effectuer certaines démarches administratives, etc.

Il suffit de composer le 11.

Services Pratiques

**36-56 :
Déposer un
TÉLÉGRAMME
par Minitel**

Grâce à ce service Minitel qui présente des avantages considérables, on peut expédier un message urgent dans le monde entier, 24 heures sur 24. Et cela sous forme de télex, de télécopie, d'appel téléphonique ou bien sûr de télégramme. On tape soi-même le texte de son message et les coordonnées du destinataire, cela évite tout risque d'erreur et préserve la confidentialité.

**36-14
Code CALIR
36-16
Code F3
36-17
Code SOS impôts**

Calculer ses impôts ? C'est désormais facile avec ces services Minitel. Ils aident en effet les contribuables à effectuer ce calcul. L'écran affiche une série de questions auxquelles l'utilisateur répond en tapant sur le clavier et le montant des impôts s'affiche.

**36-15
Code MÉTÉO
36-15
Code EOLE
36-15
Code CIEL**

Fera-t-il beau demain ou la semaine prochaine ? Les routes seront-elles glissantes ? Est-il prudent de sortir en mer ?

Ces services Minitel répondent à tous ces types de questions concernant la météo 24 heures sur 24 et sur toute la France.

Il est possible ainsi de connaître en permanence les prévisions climatiques sur terre, sur mer et dans les airs.

**36-15 :
Code SNCF**

Fini les bousculades et les attentes devant les guichets de gare ! Grâce à ce service Minitel, on obtient sans se déplacer toutes les prestations qui s'effectuent normalement à un guichet. On peut connaître les horaires de trains, réserver son billet, calculer le prix de son déplacement en fonction des réductions existantes.

Edité par France Télécom.

3. Jeu de rôle

A faire par trois étudiants: un représentant, un(e) standardiste, un(e) responsable de la production.

Vous représentez une entreprise britannique qui fabrique des robinets. Vous téléphonez à une entreprise française qui produit des salles de bains haut-de-gamme pour essayer de vendre vos produits. Le/la standardiste vous met en ligne avec le responsable de la production auquel vous vous présentez. Tout d'abord il n'est pas d'humeur à vous recevoir (pas le temps, il a une très bonne robinetterie, etc.) mais vous le persuadez de vous accorder un rendez-vous (qualité de vos produits, nouveaux modèles haut-de-gamme, prix compétitifs, etc.). Fixez la date et l'heure. Remerciez et terminez la conversation.

4. Texte de lecture

L'audiovisuel permet de mémoriser une information dans un monde saturé d'informations.

Chaque individu retient 10 % de ce qu'il lit, 30 % de ce qu'il entend et 40 % de ce qu'il entend et voit. Argument de poids en faveur de l'audiovisuel qui a la faculté de combiner du texte, de l'image et du son. L'audiovisuel se décompose en quatre grandes familles :

Le film traditionnel. En 16 ou 35 mm, il est encore utilisé dans le cadre de réalisations prestigieuses. Son avantage : la qualité et la taille des images qui renoue avec la dimension du spectacle. Son défaut : le coût qui se chiffre généralement en millions de francs. **Le diaporama** que l'on croyait dépassé revient en force des Etats-Unis sous une forme modernisée. Il est question aujourd'hui de « multivision ». Les diapositives encodées (enregistrées sur une bande spéciale) sont sélectionnées et envoyées à l'écran par l'intermédiaire d'une console informatique « multimédia ». Il est alors possible de synchroniser plus de cent cinquante projecteurs pour obtenir des effets saisissants.

La vidéo s'est largement banalisée en raison de sa maniabilité, des tarifs de production et des possibilités pour les entreprises de s'équiper directement. Même si elle reste la technique la plus utilisée, elle souffre d'une qualité médiocre en raison des baisses des budgets et du manque de formation des utilisateurs internes aux techniques de base.

Le vidéoshow combine, quant à lui, l'action d'un logiciel spécifique piloté à partir d'un micro-ordinateur et d'un support de diffusion. Sa fonction est de diffuser des textes, camemberts, tableaux qui sont aussi utiles que des images de grande qualité.

Un audiovisuel d'entreprise comporte trois grandes tonalités : l'information, l'analyse de l'information et le rappel de ce qu'il est important de mémoriser... Il sert notamment à :

▶ *Recruter.* Certaines entreprises n'hésitent pas à se présenter par ce biais aux nouveaux arrivants ou candidats.

▶ *Se présenter*, présenter sa politique à des prescripteurs, des prospects, dans le cadre du business to business.

▶ *Former.* L'audiovisuel constitue un vecteur appréciable, ludique ou éducatif, soit par l'intermédiaire de cassettes, soit par la projection d'un film lors du séminaire de formation.

▶ *Informer le personnel* lors d'une convention de lancement de produit, de présentation du projet d'entreprise.

▶ *Affirmer* une culture d'entreprise grâce à des réseaux internes de télévision, à l'instar de ce que réalisent Bull, Renault ou ELF-Aquitaine.

▶ *Encadrer* une opération de stimulation dans le cadre de « kits de stimulation » ou de réunions.

▶ *Vendre*. Il est utilisé lors d'une animation sur un point de vente ou montré à des commerciaux qui ont à présenter leurs produits à leurs clients grossistes ou distributeurs.

Les films d'entreprise peuvent être diffusés par des organismes privés tels que le Cefilm ou Canal Expression, et d'Etat, à l'instar des CRDP (Centres régionaux de diffusion pédagogique).

La tendance actuelle des audiovisuels d'entreprise se caractérise par une baisse des « grandes réalisations », très chères et peu rentables. Cette évolution est provoquée par la surenchère des opérations de communication pour lesquelles le film précédent est obsolète. Les entreprises se dirigent vers la réalisation de films « jetables », à petits budgets,

qui s'encadrent parfaitement à une stratégie de communication à court terme.
Le marché se caractérise enfin par une baisse légère des tarifs, à matériel égal ou même de meilleure qualité. ■

---

10 erreurs à éviter

► *Eviter* les longueurs, les redondances et les lourdeurs qui font décrocher le spectateur.

► *A proscrire absolument :* la galerie de portraits du PDG, du vice-PDG, du DG, du DG-adjoint, de l'autre DG-adjoint et du troisième DG-adjoint qui occultent la dimension du reportage sur le terrain. Dosez l'intervention de chacun avec précision.

► *Choisissez* une musique originale. Les grands airs classiques, façon boléro ou air du Trouvère, font «bateau».

► *Définissez* précisément l'objectif. S'agit-il d'une carte de visite, d'un document institutionnel pérenne, d'une vidéo «jetable» tournée pour un événement précis?

► *Ne tombez pas* dans le piège du discours emphatique, prétentieux et abstrait. Ne vous laissez pas impressionner par le jargon des pros. Un audiovisuel doit être agréable à regarder et simple. Ce qui se conçoit bien s'énonce clairement. Et les plus talentueux des artistes de la Com sont aussi les plus clairs.

► *Optez* pour un format en adéquation avec la cible à toucher. Ne présentez pas un audiovisuel à un public de non-voyants.

► *Ne faites pas* tout le travail à la maison! Votre public est habitué à voir des images haut de gamme (cinéma, télévision). Même si vous jouez du camescope, vous ne savez pas tout faire.

► *Ne jouez pas* la carte-prestige en période de récession.

► *N'ayez pas l'air* «cheap». Mettez le prix qu'il faut pour quelque chose de bien et choisissez des prestataires qui font le poids. Ce sont eux qui vous conseilleront le mieux.

► *Méfiez-vous* des réalisateurs à la mode, primés dans les festivals : ils ont vite la grosse tête! Mais allez voir ce qui se passe à Biarritz, à Deauville, au Creusot et ailleurs. Pour information.

© Informations Entreprise

---

   a. Pourquoi les entreprises ont-elles de plus en plus souvent recours à l'audiovisuel?

   b. Quels sont les avantages et inconvénients des quatre grandes familles d'audiovisuel?

   c. Quelles sont les principales fonctions de l'audiovisuel d'entreprise?

5. Discussion

L'ordinateur est-il un outil magique qui peut tout résoudre ou a-t il ses limitations et lesquelles?

VII

LA CORRESPONDANCE COMMERCIALE

LES CARACTERISTIQUES DE LA CORRESPONDANCE COMMERCIALE

L'en-Tête

A l'exception de la lettre de demande d'emploi, la correspondance commerciale est rédigée sur papier à en-tête imprimé dont la fonction est de personnaliser et de renseigner.

L'en-tête se situe en haut de la page, soit au milieu soit à gauche.
Il comporte en général:

- le nom de l'entreprise ou sa raison sociale

- le logo

- l'adresse

- le siège social*

- le numéro de téléphone

- le numéro de télex

- le numéro de télécopie

- le code de télégramme (bien qu'il soit maintenant peu utilisé)

- le numéro d'immatriculation au Registre du Commerce

- le numéro de CCP (voir Chapitre 13)

- le nom de la banque et le numéro de compte

- le type de société (voir Chapitre 4)

• Note:
—si l'adresse comporte la mention 'Cedex' après la ville, cela signifie que l'organisation ou l'entreprise reçoit un volumineux courrier et, en tant qu'abonné au cedex, elle a son code de tri* particulier.

Les mentions:

Notre Référence	N/Réf
Votre Référence	V/Réf
Objet	
Pièces jointes*	(PJ)

sont parfois imprimées sur le papier à en-tête.

Tous ces éléments ne sont pas obligatoires mais représentent la norme. Certains sont parfois imprimés au bas de la feuille.

La Présentation de la Lettre

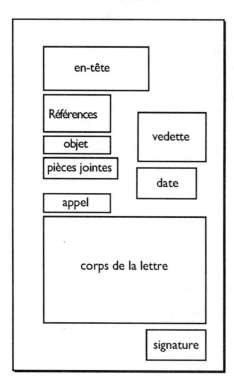

L'appel est la façon dont vous vous adressez à votre correspondant.

La vedette comporte le nom et l'adresse du destinataire. La présentation de la vedette est la même que celle de l'enveloppe.

La date et la vedette peuvent être interverties.

L'appel
A un individu: Monsieur, Madame ou Mademoiselle
A une entreprise: Messieurs

Le nom de famille du destinataire ne fait jamais partie de l'appel.

Si vous vous adressez à quelqu'un qui a une position importante, celle-ci peut faire partie de l'appel.

> • Exemple:
> —Monsieur le Directeur

Si vous connaissez bien la personne à qui vous écrivez et seulement dans ce cas, vous pouvez commencer votre lettre par 'Cher'.

> • Exemple:
> —Chère Madame

La Formule de Politesse

Elle se situe après le corps de la lettre et en est clairement séparée. Cette formule dépendra de la personne à qui vous écrivez, des circonstances et, dans une certaine mesure, elle reflétera l'impression finale que vous désirez communiquer: déférente, aimable, polie, sèche. Bien que les variantes soient infinies, quelques unes sont très fréquentes et peuvent être utilisées dans la majorité des cas:

Je vous prie d'agréer/Veuillez agréer, Monsieur, l'expression de mes sentiments distingués/mes salutations distinguées.
> C'est la formule passe-partout. Dans le cadre du commerce elle est plutôt utilisée par les clients s'adressant aux fournisseurs.

Nous vous prions d'agréer/Veuillez agréer, Messieurs, l'expression de nos sentiments dévoués.
> Les sentiments dévoués (ou empressés) sont en général adressés par le fournisseur au client qu'il désire satisfaire.

Veuillez agréer, Monsieur, l'expression de mes sentiments les meilleurs/de mes sincères salutations.
> Voici des expressions de style plus simple que l'on trouve de plus en plus fréquemment. On utilise les 'sentiments les meilleurs' lorsque l'on connaît son correspondant. Cette formule suggère des relations plus personnelles et amicales.

Je vous prie d'agréer, Madame, l'expression de mes sentiments respectueux.
> Cette formule est utilisée par un homme s'adressant à une femme. On l'emploie également pour des supérieurs hiérarchiques.

'Agréer' est parfois remplacé par 'croire à': Je vous prie de croire, Monsieur, à l'expression...

Dans toutes ces formules on intercale normalement Madame/Monsieur pour correspondre à l'appel de la lettre. N'oubliez pas non plus de faire correspondre je/nous à ce qui est utilisé dans le corps de la lettre.

Vous pouvez faire varier le ton de vos formules de politesse. Ainsi vous pouvez écrire à votre Président Directeur Général: 'Je vous prie d'agréer, Monsieur le Directeur, l'expression de ma considération respectueuse'. Par contre vous pouvez finir une lettre de relance* à un client mauvais payeur par une formule du type: 'Recevez, Monsieur, nos salutations'.

Il est habituel de rattacher à la formule de politese une autre idée qui serait normalement exprimée à la fin du corps de la lettre.

> • Exemple:
> —des remerciements (renouvelés ou anticipés) ou l'attente d'une réponse.

Ainsi au lieu d'écrire :

> —Je vous remercie à l'avance. Veuillez agréer…

on préférera:

> —Avec mes remerciements anticipés, veuillez agréer…

Autres exemples:

> —Dans l'attente de votre réponse, je vous prie…
> —Dans l'espoir que ma candidature* retiendra votre attention, je vous prie…
> —Vous remerciant de l'attention que vous accorderez à cette demande, je vous prie…

Le Style

Je/Nous. Choisissez 'je' ou 'nous' et ne changez plus dans le cours de la lettre. En général quelqu'un qui écrit d'une petite entreprise ou d'un commerce emploie 'je', alors que 'nous' est utilisé par les grosses entreprises.

Les Temps. Dans le style commercial le passé simple*, le passé antérieur* et l'imparfait du subjonctif ne sont jamais utilisés. Ils sont remplacés par le passé composé*, le plus-que-parfait et le subjonctif présent.

Les Traductions. Si vous traduisez une lettre, faites très attention à ne pas traduire trop littéralement. C'est en général une mauvaise pratique, mais plus encore dans le cas de la lettre commerciale. Ainsi les formules de politesse ne doivent jamais être traduites mot à mot. Utilisez plutôt la phrase de l'autre langue qui semble la plus appropriée dans le contexte.

Le Style. Bien que la correspondance commerciale française soit écrite dans un style plus cérémonieux et moins direct que la correspondance commerciale anglaise, la tendance est de se rapprocher du style anglo-saxon. Quoi qu'il en soit, vous devez toujours être clair et précis. La clarté évitera les causes de litige* ou simplement les doutes qui pourraient retarder l'exécution de vos ordres.

Restez toujours poli. Marquez votre froideur plutôt que votre colère si vous n'êtes pas satisfait des services que l'on vous donne. Et souvenez-vous que le Code de Commerce oblige à garder la correspondance commerciale pendant une période de dix ans: pendant cette période elle peut être utilisée comme preuve devant le Tribunal de Commerce s'il y avait contestation.

Un Détail Pratique. Lorsque vous écrivez à une entreprise pour deux raisons ou plus (par exemple une demande de renseignement* et une réclamation*) il est recommandé d'écrire deux lettres séparées adressées aux deux services concernés. Sinon, au mieux il y aura un retard dans la réponse car la lettre devra être envoyée d'un département à un autre, au pire elle sera vue par le premier département puis classée*. Vous n'aurez donc jamais la réponse à votre deuxième question.

LE CONTENU DE LA LETTRE D'AFFAIRES
L'entrée en Matière
*Sans Rappel** à une Correspondance Antérieure.*

   —Nous avons le plaisir de vous informer que…
   —Nous vous serions obligés de bien vouloir…
   —Nous avons l'honneur de vous faire savoir que…

Avec Rappel à une Correspondance Antérieure.

   —En réponse à votre lettre du…, nous vous informons que/nous avons le
      plaisir de vous informer que…
   —Nous vous remercions de votre lettre du… par laquelle vous…
   —Nous avons bien reçu votre lettre du… et nous avons le plaisir de…

Le Corps de la Lettre
Demande de Renseignements.

—Nous vous prions de bien vouloir nous envoyer votre catalogue.

—Nous vous serions reconnaissants si vous pouviez nous envoyer...

—Veuillez nous indiquer vos prix/quel serait le prix de...

Offre.

—Nous vous retournons, selon votre demande, la liste de...avec nos prix.

—Nous avons le plaisir de vous envoyer des échantillons*.

Commande et Livraison.

—Nous vous remercions de votre offre du... Veuillez nous expédier les articles suivants.

—Prière de nous envoyer par retour du courrier...

—Veuillez observer les instructions ci-jointes* concernant l'expédition*des marchandises.

—Nous vous prions de bien vouloir nous confirmer par retour du courrier l'acceptation de notre ordre...

—Nos délais de livraison sont de... à dater de la réception de votre ordre.

Confirmation.

—Nous vous remercions de votre commande/ordre en date du... que nous exécuterons dans les plus brefs délais*.

—Nous avons bien noté vos instructions et nous espérons que...

—Les marchandises ont été expédiées le... par (transport).

Transport.

—Veuillez nous envoyer vos instructions concernant l'expédition des marchandises.

—Conformément à vos instructions nous avons expédié/livré...

Rappel.

—Les marchandises que nous avons commandées le... ne nous sont pas encore parvenues.

—Nous nous permettons de vous signaler que nous n'avons pas encore reçu...

Excuses.

—Nous nous excusons de ne pas avoir répondu plus tôt à...

—Nous vous prions de nous excuser de ce retard.

—Nous regrettons vivement de n'avoir pu exécuter votre commande.

—Nous regrettons qu'en raison de...nous n'avons pu expédier votre commande.

—Nous vous prions d'accepter toutes nos excuses pour cette erreur.

Réclamations.

—Nous regrettons de vous informer que les marchandises ne sont pas conformes* à la commande/que les marchandises sont arrivées en mauvais état.

—Nous regrettons d'avoir à vous renvoyer une partie de/la totalité des marchandises.

—Nous devons vous demander de remplacer les marchandises endommagées*.

—Nous ne pouvons accepter aucune responsabilité pour les dommages*.

Règlement.

—Vous voudrez bien nous faire parvenir votre chèque...

—Nous vous prions de trouver ci-joint notre facture* n°...

—Pour solde de notre compte* nous vous adressons ci-joint notre chèque...

—Nous avons bien reçu votre chèque de ... en règlement de* notre facture n°... et nous vous en remercions vivement.

Demande de Délais.

—Nous regrettons de n'avoir pu remplir nos engagements.

—Nous vous demandons de bien vouloir nous accorder un délai de paiement.

Arriérés.*

—Nous sommes au regret de vous rappeler que notre facture n°... du... est toujours impayée. Nous vous serions obligés de bien vouloir...

—A notre grand regret, nous n'avons pas encore reçu de réponse à notre lettre du... dans laquelle nous vous avons fait observer que notre facture du... était toujours impayée. Veuillez nous régler votre arriéré sans autre retard.

—Nous vous avons demandé à plusieurs reprises de bien vouloir régler notre facture n°... du... Votre réponse ne nous étant toujours pas parvenue, nous sommes au regret de vous prévenir qu'à moins de recevoir votre règlement de compte le…. dernier délai, nous devrons entamer des poursuites* contre vous sans autre préavis.*

Fin de la Lettre

Vous demandez une réponse:

—Dans l'attente de votre réponse par retour du courrier…

—Nous espérons que notre commande vous est bien parvenue et vous demandons de bien vouloir nous le confirmer.

Vous remerciez:

—En vous remerciant d'avance/Avec nos remerciements anticipés,…

—Nous vous remercions de la confiance que vous nous témoignez et nous vous prions…

Regrets et excuses:

—Avec tous nos regrets, nous vous prions…

—En vous renouvelant toutes nos excuses, nous vous prions…

Expressions Utiles

• Vous trouverez ci-joint/ci-inclus

• A titre d'information*

• Sauf avis contraire de votre part*

• Sauf erreur de notre part

• Comme indiqué ci-dessus

• Compte tenu de ces faits

VOCABULAIRE

siège social (m) *head office, registered office*
code de tri (m) *sort code*
pièce jointe (f) *enclosure*
lettre de relance (f) *reminder*
candidature (f) *application*
passé simple (m) *past historic*
passé antérieur (m) *past anterior*
passé composé (m) *perfect*

litige (m) *dispute*
renseignement (m) *information*
réclamation (f) *complaint*
classer *to file*
rappel (m) *reference*

échantillon (m) *sample*
ci-joint *attached, enclosed*
expédition (f) *dispatch(ing)*
dans les plus brefs délais *in the shortest possible time, at your earliest convenience*
conforme à la commande *as per order*
endommagé,-e *damaged*
dommage (m) *damage*
facture (f) *invoice*
pour solde de notre compte *in full settlement of our account*
en règlement de *in settlement of*
arriérés (m pl) *arrears*
entamer des poursuites contre *to institute proceedings against*
préavis (m) *prior notice*

à titre d'information *for information*
sauf avis contraire de votre part *unless you advise us otherwise*

ACTIVITES

1.   Traduisez la lettre suivante en anglais:

Messieurs,

Votre appel d'offre du 12 mars relatif à la fourniture éventuelle de tissus d'ameublement nous est bien parvenu et nous vous remercions de nous avoir consultés.

Nous avons le plaisir de vous remettre ci-joint le catalogue de notre dernière collection et de vous adresser, sous pli séparé, nos échantillons.

Après étude de vos besoins, nous vous proposons les conditions suivantes:

—livraison franco de port et d'emballage;

—remise de 5% pour toute commande supérieure à 5 000 F;

—règlement dans la quinzaine qui suit la livraison.

Nous espérons que la qualité de nos tissus d'ameublement vous séduira et vous incitera à nous transmettre un ordre d'essai. Nous ferons tous nos efforts pour vous donner entière satisfaction.

Veuillez agréer, Messieurs, nos salutations empressées.

Le chef des Ventes,

J. Denain

2. Lettre de commande

Vous travaillez pour une chaîne de supermarchés et vous commandez des pâtes alimentaires directement au producteur français. Préparez une lettre de commande qui comprendra les éléments suivants:

- en-tête, références, objet, date
- commande: description, quantités
- référence au prix unitaire du catalogue
- date de livraison requise
- demande de confirmation

3. Lettre de confirmation

La firme Spacia vous a passé une importante commande il y a dix jours. Vous recevez maintenant une note de la même firme vous demandant de confirmer que vous avez bien reçu cette commande. Ecrivez la lettre appropriée.

4. Lettre de réclamation (retard de livraison)

Vous êtes fabricant d'articles de sport. Vous aviez promis d'expédier une commande à un client avant la fin février. Nous sommes en avril et le client n'a toujours rien reçu. Il envoie une lettre de réclamation tout à fait justifiée, polie mais ferme.

Quelle doit être votre attitude? Toutes les raisons du retard sont-elles bonnes à invoquer? Ecrivez la lettre appropriée.

5.   Lettre de réclamation (articles non disponibles)

Vous venez de recevoir une commande de lampes de bureau d'un client de longue date, habitué à vendre dans son magasin un certain modèle de lampes. Malheureusement vous ne pouvez exécuter cette commande immédiatement car vous êtes en rupture de stock. Expliquez la situation à votre client et offrez soit de le livrer plus tard, soit d'envoyer un article de remplacement disponible dans les quantités requises.

6.   Lettre de non-paiement

Vous venez de recevoir la lettre suivante. Vous répondez en promettant de payer sous un mois. Expliquez pourquoi vous ne payez pas immédiatement et exprimez vos regrets.

A l'attention de la comptabilité fournisseurs

Messieurs,

Par notre lettre du 13.04.9.., nous vous avions demandé de procéder sous huitaine au règlement des factures dont l'échéance de paiement était arrivée à expiration depuis le 10.04.9..

N'ayant reçu à ce jour ni réponse, ni règlement, nous nous permettons de réitérer de la façon la plus pressante notre premier appel et vous demandons de prendre vos dispositions afin que votre règlement nous parvienne avant le 10.05 9..

Nous comptons fermement recevoir votre paiement par retour du courrier par tout moyen à votre convenance et vous prions d'agréer, Messieurs, l'expression de nos sentiments dévoués.

P. Laroche

VIII

L'OFFRE ET LA DEMANDE D'EMPLOI

COMMENT TROUVER DU TRAVAIL?

Pour ceux qui n'ont pas la chance d'avoir des relations personnelles ou de profiter du 'piston'* comme le font beaucoup de Français pour trouver un emploi, il faut avoir recours à l'ANPE ou aux petites annonces insérées directement dans la presse par l'entreprise ou par l'intermédiaire de cabinets de recrutement. Dans ces deux derniers cas il vous faut faire une lettre de demande à laquelle vous joindrez un Curriculum Vitae (CV). Dans le cas où votre candidature serait retenue à la première sélection, vous recevrez une lettre vous demandant de venir passer un examen ou des tests. Si les résultats sont satisfaisants vous recevrez une autre lettre vous convoquant à un entretien*. A la suite de cet entretien vous recevrez soit une lettre vous informant que vous n'avez pas été sélectionné ou, si vos efforts ont été couronnés de succès, une lettre d'embauche*. Pour des organisations ou entreprises plus petites, certains stades de cette procédure peuvent être éliminés.

LES PETITES ANNONCES (PA), OU ANNONCES CLASSEES

Avant de vous lancer dans les lettres de demande il faut sélectionner les Petites Annonces en fonction de ce que vous cherchez ou de ce que vous pouvez offrir.

Les Sources de Petites Annonces

On trouve des Petites Annonces dans la presse générale ou spécialisée, parfois à la radio, à la télévision ou même sur Minitel.

L'information Contenue dans une Petite Annonce

Si elle est bien conçue la Petite Annonce doit informer les demandeurs d'emploi sur l'entreprise et son image propre. Elle doit aussi décrire brièvement le poste à pourvoir et le profil du candidat idéal.

Renseignements sur l'Entreprise. Son nom ou sa raison sociale, son champ d'activité, son nombre d'employés, son chiffre d'affaires* (le volume des ventes est un indicateur de l'importance de l'entreprise), sa nationalité, les régions ou pays dans lesquels elle opère.

Renseignements sur le Poste à Pourvoir. Description de l'activité ou des activités principales, lieu de travail, déplacements*, formation, possibilités de promotion, rémunération et avantages.

Renseignements sur le Candidat. Titres ou diplômes nécessaires, expérience acquise, âge, connaissances en langues et en informatique, permis de conduire.

Au delà de ces renseignements purement objectifs et vérifiables, l'entreprise indiquera les qualités personnelles qu'elle désirerait trouver dans le candidat idéal (goût des responsabilités, esprit d'équipe, dynamisme, ambition, etc.)

Bien sûr toutes les annonces ne comportent pas toutes ces informations, il s'en faut de beaucoup. C'est à vous d'en étudier le ciblage* et d'obtenir le complément d'information par lettre, par téléphone ou plus tard, à l'entretien. Dans tous les cas vous devrez savoir lire entre les lignes (voir texte page 121-2).

Il est devenu pratique courante de ne pas indiquer le montant du salaire dans les Petites Annonces car il sera décidé en fonction de vos compétences, de vos aptitudes et de votre expérience. L'annonce vous assure en général que la rémunération sera 'très motivante', tout en vous demandant d'indiquer dans votre lettre quel est votre salaire actuel ou quelles sont vos 'prétentions', c'est-à-dire le salaire que vous recherchez.

LA LETTRE DE CANDIDATURE

La première impression que l'entreprise aura de vous sera par votre lettre de candidature, en général accompagnée de votre CV et photo. On demande fréquemment une lettre manuscrite qui est donc plus personnelle et plus révélatrice. Un bon nombre d'entreprises soumettent les lettres de candidature à un graphologue et n'en font pas mystère. Soignez donc l'écriture et la présentation de votre demande. Cette lettre doit être rédigée sur papier blanc et suit les normes de la lettre commerciale (voir Chapitre 7).

La Lettre de Candidature à un Poste

Entrez tout de suite dans le vif du sujet en postulant l'emploi qui vous intéresse.

Formules habituelles de demande:

—J'ai l'honneur de solliciter le poste de...

ou

—Je me permets de poser ma candidature au poste de...

Vous pouvez faire référence à la source qui vous a permis d'identifier le poste à pourvoir (...'le poste de...proposé dans *Le Monde* du 26 février').

Présentez-vous très rapidement en mettant l'accent sur vos compétences particulières. Il ne s'agit pas de redire sous forme de lettre ce qui est déjà clairement indiqué dans votre CV mais plutôt d'attirer l'attention sur ce qui fait de vous un(e) candidat(e) particulièrement intéressant(e). Votre formation (par exemple un mélange de disciplines inhabituel, plus des connaissances en informatique), votre expérience (stages, postes divers) ou encore vos compétences linguistiques méritent d'être mises en valeur à ce stade. Pour plus amples détails vous renvoyez à votre CV.

Vous pouvez indiquer pourquoi ce poste vous attire particulièrement. Si l'annonce insiste sur certaines aptitudes ou connaissances que vous avez, indiquez clairement que vous correspondez au profil recherché.

Si vous êtes actuellement en poste, dites pourquoi vous désirez un changement.

Offrez de donner des renseignements complémentaires si besoin est:

—Je suis/reste à votre disposition pour tout renseignement complémentaire.

Vous espérez une réponse favorable? dites-le!

—En espérant que ma candidature retiendra votre attention...

Vous terminerez par une formule de politesse habituelle qui sera reliée à la phrase précédente (voir Chapitre 7).

- Exemples:
—Dans l'espoir que vous voudrez bien considérer favorablement ma demande, je vous prie de croire, Messieurs, à l'assurance de mes sentiments respectueux.
—Je vous remercie de l'attention que vous apporterez à ma demande et vous prie d'agréer, Monsieur, l'expression de mes sentiments distingués.

La Réponse

Vous recevrez une réponse à votre lettre de candidature qui pourra être:

Négative. Phrase type:

—En réponse à votre lettre du..., nous avons le regret de vous faire connaître que votre offre n'a pas été retenue/n'a pu être retenue/qu'il ne nous est pas possible de donner suite à votre candidature.

La lettre mentionne fréquemment que votre demande sera gardée au cas où un poste approprié se présenterait.

Positive. Votre candidature aura été retenue et on vous demandera peut-être de remplir un questionnaire ou de venir passer des tests, très probablement de vous présenter pour un entretien.

Phrase type:

—Nous vous prions de prendre rendez-vous par téléphone avec M... ou Nous vous prions de bien vouloir vous présenter à nos bureaux le (date) à (heure).

La Lettre de Demande de Stage

En général vous ne répondez pas à une annonce spécifique mais vous écrivez à une entreprise dans l'espoir d'obtenir un stage. Certaines entreprises cependant organisent des stages et publient les détails dans la presse.

Eléments de la Lettre de Stage.

- Présentation: Vous êtes étudiant(e); où? (établissement, ville, pays). A quel stade de vos études êtes-vous arrivé(e) ?

• Ce que vous recherchez: Nature de l'expérience industrielle ou commerciale que vous désirez acquérir? Date du stage? Rémunéré ou non?

• Joignez votre CV et offrez de fournir des renseignements complémentaires.

• Offrez d'envoyer des attestations* ou donnez le nom de personnes qui ont accepté de fournir des références.

• Terminez comme une lettre de demande d'emploi: 'En espérant que...'. Ajoutez une formule de politesse appropriée.

LE CURRICULUM VITAE

Il est dactylographié et on y ajoute normalement une photo (souvent demandée dans l'annonce). Soignez la présentation et choisissez bien la photo car, ici encore, il s'agit de faire bonne impression!

Votre CV doit inclure:

• Les renseignements personnels (parfois appelés 'état civil'): nom, prénoms, date de naissance, adresse, téléphone, nationalité, situation de famille (célibataire, marié(e), enfants).

• Les études: dates, établissements, diplômes obtenus, études en cours.

• L'expérience professionnelle: postes, stages (avec dates)

• Le poste actuel

• Votre date de disponibilité*

• Vos références

A ce minimum peuvent s'ajouter:

• Les langues étrangères (lues, écrites, parlées)

• La situation militaire pour les hommes

• Les connaissances en informatique

• Le permis de conduire

• Les sports et loisirs (soyez brefs: les Français s'intéressent beaucoup moins à ceci que les Anglo-Saxons)

• Les prétentions

Il n'y a pas un modèle de CV mais plutôt des variantes sur un modèle. Un CV peut être plus ou moins détaillé; ce qui importe, c'est de le rendre le plus intéressant possible sans nécessairement en écrire des pages.

Vous cherchez effectivement à vous 'vendre'. Donc, comme un commerçant met en valeur* sa marchandise, faites un effort pour vous mettre en valeur. Les meilleures publicités sont celles qui sont brèves, originales et frappantes. Un chasseur de tête* connu explique ainsi pourquoi tant de CV finissent à la corbeille à papiers:

> Ils sont rasants*. Quand on voit une pile de CV format standard, disposition identique, surchargés, tassés comme si les gens économisaient du papier, on n'a déjà plus aucune envie de regarder. Ce qu'il faut, c'est de la clarté, de l'aération et une pointe d'originalité. Mais surtout pas du bla-bla-bla* ni des évidences.

L'ENTRETIEN

Arrive le jour de l'entretien. Une mise* impeccable est de rigueur sans pour cela s'habiller avec trop de recherche. Evitez les excès.

Emportez un exemplaire de votre CV. La personne qui dirigera l'entretien l'aura sous les yeux: vous pourrez ainsi voir plus aisément à quoi ses questions ont trait.

Vous aurez probablement le trac*! Essayez de ne pas trop le montrer en croisant et décroisant sans cesse les jambes, en tortillant votre mouchoir ou en torturant votre stylo-bille. Parlez clairement et regardez votre interlocuteur droit dans les yeux.

N'inventez pas des compétences ou expériences que vous n'avez pas: si vous obtenez le poste on s'en apercevra vite...

Votre futur employeur vous posera toutes sortes de questions. Comme il/elle vous donnera également l'occasion d'en poser, préparez-les avant l'entretien (questions précises sur les fonctions à remplir et les conditions de travail ainsi que sur les possibilités de promotion, le salaire, les avantages sociaux[*], etc.).

N'oubliez pas que vous serez jugé sur vos compétences et sur votre personnalité: ne soyez donc pas trop réservé même si vous êtes pétrifié de terreur. Soyez positif sans donner l'impression cependant que vous êtes déjà installé(e) dans l'entreprise et que vous vous proposez de tout réorganiser!

VOCABULAIRE

piston (m) *string-pulling*
entretien (d'embauche) (m) *interview*
embauche (f) *taking on*
chiffre d'affaires (m) *turnover*
déplacement (m) *travel*
ciblage (m) *targetting*

attestation (f) *testimonial, certificate*
disponibilité (f) *availability*
mettre en valeur *display*
chasseur de tête (m) *headhunter*
rasant *boring*
bla-bla-bla (m) *waffle*

mise (f) *(standard of) dress*
trac (m) *stage fright*
avantages sociaux (m pl) *fringe benefits, perks*

Vocabulaire Complémentaire

recrutement (m) *recruitment*
poste à pourvoir (m) *vacancy*
convocation (f) *notification to attend*
dossier (m) *file*
date limite (f) *closing date*
salaire de départ/de début (m) *starting salary*
envergure (f) *calibre*
sens des affaires (m) *business acumen*
éventail (salaire, âge) (m) *range*

proportionné à *commensurate with*
voiture de fonction (f) *company car*
chèque-déjeuner (m) *luncheon voucher*

entrevue (f) *interview*

Le mot 'interview' est également utilisé en français mais surtout dans le contexte de la presse et de la radio/télévision.

ACTIVITES

1. Faites votre choix de stage dans les petites annonces ci-dessous et écrivez une lettre de demande.

Lieu : Boulogne-Billancourt. Date : immédiat. Durée : à convenir. Ind. : 2 500 F à 3 500 F. Profil : bac + 2, commerce, vente, marketing, gestion, communication ou publicité. Mission : assister les chefs d'opérations dans leurs missions, gestion et administration d'opérations, gestion de compte rendus et résultats d'opérations, gestion de stocks. 00464

Lieu : Paris. Date : immédiat. Durée : 3/6 mois. Ind. : 1 500 F + tickets restaurant. Profil : bac + 2/3, BTS/DUT ou école de commerce, anglais ou informatique. Mission : chargé d'études junior sur l'international, collecte et saisie pour bases de données internationales. 00571

Lieu : Paris et R.P. Date : immédiat. Durée : à convenir. Ind. : à définir. Profil : bac + 1/2, tourisme ou hôtellerie ou LEA, anglais-espagnol ou anglais-allemand. Mission : réception, accueil clients, réservation, envoi de fax et télex en Espagne, gestion du service télex des correspondants étrangers de l'hôtel. 00574

2. Ecrivez une lettre de candidature à l'un des postes faisant l'objet des petites annonces ci-dessous.

SECRETAIRE GENERAL

TORCY MARNE LA VALEE EN SEINE ET MARNE

- 20,000 habitants (classée 20-40000)
- à 18 km de Paris (RER, A4 et Francilienne)
- au sein de l'agglomération nouvelle de Marne la Vallée
Ville très jeune dans un département d'avenir (EURODISNEY, le grand stade...)
- une attention particulière à la qualité de vie (nombreux équipements sportifs, un espace culturel, un projet de base de loisir...)
- un potentiel économique important et des projets ambitieux.

Homme ou femme de relation et de coordination vous assurerez l'interface entre la élus et le responsable de services Manager moderne, vous organiserez et motiverez une équipe de 430 agents à qui vous fixerez des objectifs (déclinés sur la base du programme municipal).
Garant de la politique de la ville vous contribuerez à optimiser le fonctionnement général des directions et tout particulièrement b conduite des Finances de la ville.
A 35-40 ans, de formation supérieure juridique et/ou économique vous avez exercé avec succès des responsabilités identiques au sein d'une commune de préférence.
Vous aimez les challenges, votre sens de l'initiative, votre grande dIsponibilité vous feront réussir à ce poste qui requiert une bonne capacité d'écoute, une grande rigueur, mais aussl une grande ouverture d'esprit et beaucoup de dynamisme.
Conditions statutaires + avantages conséquents liés à la fonctlon.

Merci d'adresser lettre manuscrite + CV + photo sous la réf. 1747/M à notre conseil LIGHT Myriam GUILLEMOIS - 6/8 rue Andras Beck 92366 MEUDON LA FORET cedex.

LEVI-TOURNAY/ASSCOM

Nous voulons un commercial avec une âme de patron, tenace et motivé. Nous lui donnerons les moyens de se constituer un salaire important dans un milieu professionnel. Seule votre personnalité nous intéresse, votre formation nous incombe. Secteur: votre département, statut VRP. Tél. au 70 51 52 97.

Société recherche vendeurs (débutants acceptés). Après formation, nous offrons fixe + commissions + prime + véhicule et fichier clients. Tél. agence de Pontivy 97 38 23 94 ou écrire S.A. C.R.P.I., Z.I. de Kerguilloten, 56920 Noyal-Pontivy.

Cabinet dentaire, région Lorient, recherche secrétaire-assistante dentaire, compétences en secrétariat,et informatique souhaitées. Merci d'adresser CV + photo à Samedi Emploi, réf. 278, BP 445, 56100 Lorient, qui transmettra.

3.   Faites votre CV d'après le modèle de la page 117-8.

4.

Optimisons les potentiels flexibles !

Le vocabulaire des annonces de recrutement est loin d'être innocent. Et les formules magiques n'attirent pas forcément ceux qu'on croyait prendre. Loin de là

C'est la petite annonce de la décennie. Jugez-en : « *Société en pleine expansion, leader sur son marché, cherche cadre, dynamique et motivé, pour un challenge valorisant son potentiel et son esprit d'entreprise. De solides responsabilités seront confiées à un homme de terrain doté d'une* forte personnalité, de qualités relationnelles et de bonnes capacités d'adaptation, désireux de partager notre passion et de relever les défis du futur dans notre groupe international. Il opérera dans un service à taille humaine au sein d'une ambiance conviviale. Réelles opportunités d'évolution de carrière. »

Déjà lu, ça ? Pas de doute, vous avez raison : cette annonce réunit les vingt expressions les plus souvent utilisées dans les annonces de recrutement pour cadres. Tellement employées qu'on ne sait plus très bien si les mots agissent encore. Pour en avoir le cœur net, une agence de publicité spécialisée dans le recrutement, Media PA, a demandé à la Sofres de se pencher sur le pouvoir caché de ce jargon. Objectif : déterminer si les profils accrochés par ces formules magiques diffèrent beaucoup selon les concepts utilisés. La Sofres a eu recours à la méthode de la sémiométrie : on prend des cadres qui se sont déclarés très attirés par des formules comme « *nous vous offrons un challenge* » ou « *vous avez une solide expérience* », et on leur demande de réagir, positivement ou négativement, sur une liste de 210 mots qui n'ont rien à voir, comme « sublime », « bijou », « ironie », « vertu », « maternel », « patrie », « honneur », etc. Il en résulte une sorte de portrait chinois des candidats. La méthode est également utilisée pour sonder les états d'âme des jeunes diplômés

Les résultats, dévoilés le 25 septembre, sont édifiants (1). Les mots agissent bien comme les appeaux à la chasse : ce ne sont pas du tout les mêmes oiseaux qui répondent selon les concepts mis en relief dans l'annonce. Ainsi, en focalisant sur les « challenges » – un des appeaux les plus furieusement en vogue ces dernières années –, la Sofres estime qu'on accroche des cadres qui ont « *un goût affirmé pour l'ordre et les traditions, avec une vision conflictuelle du monde : des battants et plus encore des guerriers* ». En un mot, des samouraïs. Le mot « défi » attire lui aussi des ambitieux, mais qui se posent un peu plus de questions que les samouraïs : « *Ils ont une incertitude liée au désir de bien faire.* » Avec « ambition » on attire des gens plus fréquentables, qui laissent apparaître un désir d'« *attachement aux êtres et aux choses* ». Plus que le guerrier, c'est le protecteur qui perce ici : il aime les mots « protéger » et « maison » ! En mettant en avant le concept de « responsabilité », on est dans la formulation optimale pour « *attirer un profil de dirigeant, assez ambitieux mais sans excès d'agressivité* ». Il s'agit d'ailleurs d'un individu qui aime bien les mots « gloire » et « admirer ». Notre aspirant PDG semble légèrement narcissique. « *Vous avez une solide expérience...* » : cet autre poncif des PA, très « force tranquille », risque de passer au deuxième plan

quand les recruteurs auront lu ce qu'en pense la Sofres. Cet appel attire des « *profils un peu tièdes, où ne règne ni l'honneur ni l'ambition* ». Avec l'expression « *homme de terrain* », on attire « *la puissance sans excès d'ambition* » : des cadres sensibles aux liens, aux usages traditionnels et attirés par les bonheurs paisibles.

Etonnants, les mots favoris de ceux qui se sentent visés par les petites annonces évoquant « *votre esprit d'entreprise* » : il n'est question que de respect, de politesse, de pardon et de modestie. Avec, en prime, une bonne dose de logique et d'utilitaire : « *Au total, de bons élèves appliqués, attentifs et un peu soumis* », conclut méchamment la Sofres. Encore un poncif qui peut aller se rhabiller. Passons sur « *votre forte personnalité* » et « *vous êtes autonome* » : apparemment, c'est tellement flou que ça n'attire rien de particulier. Avis aux habitués des messageries roses : avec « *vous êtes dynamique et motivé* », on recrute des grands sensuels. Les mots préférés des cadres qui se sentent visés : « caresse », « sensuel », « intime », « parfum », « raffiné », « précieux », « élégant », « mode ». Sans oublier une bonne dose de « courage », « ambition », « héros » et « honneur ». « *Des êtres trop complets* », s'inquiète la Sofres. Même problème avec « *valorisez votre potentiel* » : l'expression attire des ambigus qui se réclament à la fois de la puissance, de la force, de la douceur et de l'harmonie. Va comprendre, Marcel...

Vous cherchez des gens calmes et équilibrés ? Faites donner du « *réelles opportunités d'évolution de carrière* » : avec ça on accroche des gens de mentalité paisible, refusant le conflit et l'agression sans pour autant être médiocres ou faibles : « *C'est la philosophie de l'équilibre.* » Maintenant, voulez-vous attirer des « moines » dans votre entreprise : utilisez l'expression « *entreprise à taille humaine* ». Ceux qui se sentent interpellés par cette expression s'intéressent peu aux biens matériels, et laissent percer « *un réel détachement, presque métaphysique* », avec une survalorisation de mots comme « ironie », « mort », « vieillir » et « créateur ». Mais ils élisent aussi « bâtisseur », « travail » et « concret ». Des moines, on vous dit.

Mais rien ne vous oblige à prendre tout ça pour parole d'Evangile.

PATRICK FAUCONNIER

© Le Nouvel Observateur

Lisez ce texte avant de vous lancer à la recherche du poste de vos rêves. Cherchez dans la presse française des exemples illustrant cet article.

5. Lisez le texte suivant

'est l'histoire de cette société d'import-export en quête de commerciaux qui passe une annonce dans un quotidien parce que l'ANPE *« lui a toujours envoyé des gens qui n'avaient pas le profil »*. Ou celle de cette décoratrice à la recherche d'un vendeur qui s'est repliée elle aussi sur la presse parce que, sur les quatre personnes que l'ANPE lui avait adressées, *« trois cherchaient un certificat de recherche d'emploi et la quatrième ne faisait pas l'affaire. Le tout au bout de trois semaines ! »*.

C'est aussi l'histoire de ce chauffeur de taxi de 40 ans, au chômage depuis un an, qui paie de sa poche une petite annonce pour être chauffeur-livreur parce que, *« depuis mon licenciement, l'ANPE ne m'a rien proposé »*. Ou encore celle de cette secrétaire de direction parfaitement bilingue *« réduite à faire de l'intérim parce que l'ANPE m'a soumis, une seule fois, un job de caissière »*.

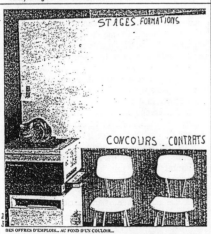

DES OFFRES D'EMPLOIS... AU FOND D'UN COULOIR...

Autant d'histoires qui prouvent que l'Agence nationale pour l'Emploi ne remplit pas, ou très mal, les trois missions qui lui ont été confiées : accueillir et orienter les chômeurs, leur proposer un emploi, et gérer les fichiers pour éliminer les fraudeurs. A tel point qu'elle s'attire un déluge de critiques, y compris en haut lieu. Passons sur les déclarations poujado-populistes de Michel Charasse à propos des *« faux chômeurs »*. Plus sérieusement, le ministre du Travail, Martine Aubry, tout en reconnaissant *« le vrai professionnalisme »* des 12 400 salariés de l'agence, estime que celle-ci ne noue pas suffisamment de liens avec les entreprises pour dénicher des emplois et ne joue pas réellement son rôle d'aiguillon pour inciter les chômeurs à trouver un job. Même si tous les gouvernements ont tendance, quand le chômage explose et que les échéances électorales approchent, à faire de l'ANPE leur bouc émissaire,

ces critiques sont irréfutables. En 1990, le taux de satisfaction par l'ANPE des offres provenant des entreprises a légèrement diminué, alors même que ces offres augmentaient ! Résultat : sur 100 postes proposés à l'agence, moins de 60 trouvaient preneurs. La performance paraît encore plus modeste lorsqu'on sait que l'ANPE, bien que ses prestations soient gratuites, ne recueille que 20 à 25 % des offres de recrutement. Le jugement tombe comme un couperet. Sans appel : *« Ça ne m'est jamais venu à l'esprit de passer par l'ANPE*, explique le directeur d'une société parisienne, en mal de secrétaires. *Pour moi, l'agence s'occupe des chômeurs, pas de leur placement ! »*

Certains patrons font pourtant des tentatives. Comme ce dirigeant d'une très grande entreprise nationale. En 1989, en pleine reprise économique, il a besoin de recruter 3 500 personnes en région parisienne. Du manœuvre à l'ouvrier qualifié en passant par le cadre moyen. Coup de fil à la direction de l'ANPE, qui met en place une cellule spécialisée chargée d'évaluer les profils recherchés. Trois semaines passent, à l'issue desquelles notre dirigeant voit arriver de nombreux candidats à l'embauche. Pas un seul ou presque ne fera l'affaire. Les postulants au poste de chauffeur n'ont pas leur permis de conduire et les apprentis standardistes parlent mal le français ! Ce chef d'entreprise n'a ni le temps ni les moyens de recommencer l'expérience. Il passera par les petites annonces.

Pourquoi cette image, ces ratés ? *« Les gens réalisent mal combien cette maison a su s'adapter*, plaide Jean Marimbert, directeur général de l'Agence. *En 1970, il y avait 4 000 agents pour 300 000 demandeurs d'emploi et les offres étaient pléthoriques. Aujourd'hui, il y a dix fois plus de chômeurs et seulement quatre fois plus de personnel. »* Selon l'OCDE, le rapport entre le nombre de demandeurs d'emploi et celui des agents qui en sont responsables est d'ailleurs nettement plus faible en France qu'à l'étranger. 271 chômeurs pour un agent dans l'Hexagone, contre 86 en Allemagne et... 14 en Suède. N'empêche. Ces explications sont insuffisantes. Les relations entre les pouvoirs publics et l'Agence, l'archaïsme du management et la *« culture ANPE »* n'ont rien fait pour améliorer le fonctionnement.

Christian Sodoyer, 35 ans, chef de l'agence de La Chapelle dans le 18ᵉ arrondissement de Paris (10 500 demandeurs d'emploi, 1 300 offres), déplie avec un plaisir certain le plan de ses futurs locaux. Huit cents mètres carrés, qui seront terminés en juillet prochain : *« Tous les services fournis par l'agence – inscriptions, offres, journaux, Minitel, téléphone – seront concentrés au même endroit. »* Rien à voir avec l'aménagement actuel. Des murs crasseux, des bureaux fermés, un ameublement genre écoles primaires d'avant guerre, et surtout – comble de l'ironie – des offres d'emplois qu'il faut aller chercher au fond d'un long couloir, à l'autre bout de l'agence. Explication de Sodoyer : « *Cet aménagement date de 1974 : à l'époque, les chiffres du chômage commençaient à exploser. Il ne fallait surtout pas que la file des demandeurs déborde dans la rue. Nous avions pour consigne d'en faire entrer le maximum à l'intérieur !* » Aujourd'hui, place au « service immédiat » : d'ici à la fin 1992, dans les 700 agences de France, le chômeur devra trouver en face de lui suffisamment de monde pour l'inscrire, lui faire passer un premier entretien de prédiagnostic, et au besoin lui trouver immédiatement une formation.

Autre preuve d'archaïsme, ou d'inertie bureaucratique, au choix : le « Répertoire opérationnel des métiers », le « ROM » en langage « anpéien ». Un livre où sont classés tous les postes de travail par typologie. Problème : le ROM a été conçu il y a plus de vingt ans, au temps du plein emploi. Au temps où les secrétaires n'avaient pas besoin de connaître les logiciels de traitement de texte ; au temps où les vendeurs ne comprenaient rien au « merchandising ». En 1984, un cadre de l'Agence rédige une note de cinq pages pour expliquer à ses supérieurs que ce registre n'est plus du tout adapté au marché de l'emploi. « *D'accord* », répond la direction. « *Il a fallu attendre quatre ans pour donner le premier coup de pioche,* explique le cadre en question. *Et il en faudra sept pour terminer le ravalement !* » Comment en finir avec cette inertie ? « *Il faut changer radicalement les services du siège de l'Agence,* préconise un ancien membre du staff. *C'est-à-dire lourder les "archéos", ceux qui vous regardent avec des yeux ronds quand vous leur parlez marketing.* »

En attendant cette révolution, les directeurs d'agence les plus dynamiques doivent se contenter de faire preuve d'imagination. Comme ses autres collègues, le chef de l'agence de La Chapelle ne dispose pas d'un fichier informatisé répertoriant toutes les offres et demandes d'emploi en France. Plus modestement, Sodoyer a donc contacté sa collègue du 9e arrondissement, qui, elle, regorge de propositions d'emplois. Dorénavant il lui fournira les demandeurs qui ont le profil de ses offres. Simple, non ? Et pourtant, « *il y a quelques années,* reconnaît Sodoyer, *je n'aurai pas eu ce*

réflexe. Chacun était crispé sur son pré carré ». Affaire de culture...

Dans son agence d'Orléans – qualifiée d'exemplaire par la direction –, Pierre Treffou n'a pas d'états d'âme. Et pourtant ! Dans ses fichiers, en cette fin de septembre, il a plus de 8 000 demandes d'emploi. 700 de plus que l'an dernier à la même époque. Pour 4 000 offres seulement. A 42 ans, la rondeur sympathique, il définit tranquillement son job et celui de ses 25 agents : « *Dans la même journée, il faut recevoir, gérer le désarroi et draguer les entreprises.* » Jean-Luc Boyer, ex-premier clerc de notaire au chômage, passe son temps à chercher des offres d'emploi pour l'agence. Un travail de bénédictin : « *Il y a quelque temps, après avoir appelé plusieurs fois, mais en vain, un patron,* raconte-t-il, *je me suis pointé dans sa société sans rendez-vous. Il m'a reçu. Depuis, nous sommes en contact permanent.* » Dans cette agence, chaque prospecteur-placier partage son temps entre le suivi du chômeur et la collecte des offres. Résultat : en un an, et malgré la crise, 10 % de jobs supplémentaires. Et si les chômeurs ne répondent pas à la convocation d'un employeur ? « *Je les radie sans scrupules,* affirme Pierre Treffou. *D'abord parce que je dois appliquer la loi, ensuite parce que l'intéressé peut toujours recourir à une procédure d'appel.* »

Paris, dans l'une des deux agences du 20e arrondissement (4 500 demandeurs d'emploi, 70 offres en moyenne par mois). « *C'est vrai, pendant longtemps nous considérions les relations avec les entreprises comme la dernière roue du carrosse. Entre les inscriptions et le suivi des chômeurs, nous n'avions guère de temps. Mais aujourd'hui, on se démène.* » Chantal Ferrali, une jolie brune de 42 ans, parle avec ferveur du mailing qu'elle a lancé en décembre dernier à l'attention de 2 000 sociétés. Le changement tient parfois à de tout petits détails : désormais quand un prospecteur-placier va visiter des entreprises, il est dispensé de passer à l'agence le matin : « *Comme ça, je n'ai pas la tentation de le mettre aux inscriptions s'il y a affluence* », note la directrice. Chantal Ferrali, non plus, n'a pas d'états d'âme pour radier les chômeurs qui ne se présentent pas aux convocations : « *Ce n'est pas admissible.* »

Une agence à Orléans, une autre dans le 20e à Paris, d'autres ici ou là. L'ANPE sait aussi montrer, sur le terrain, que cela peut marcher...

MARTINE GILSON

a. Quels sont les problèmes de l'ANPE?

b. 'Le diagnostic est sévère mais pas désespéré', nous dit-on. Où sont les lueurs d'espoir?

c. Faites un résumé de ce texte (à peu près 300 mots).

IX

MARKETING ET PUBLICITE

LE MARKETING (OU LA MERCATIQUE)

L'évolution du Concept de Marketing

Dans l'économie des pays occidentaux la production se trouvait jadis au centre des préoccupations de l'entreprise. On produisait d'abord, on pensait à vendre ensuite. Dans les sociétés de pénurie*, la production ne suffisant pas à la consommation, les produits étaient absorbés par une société qui ne pouvait se permettre d'être difficile. Il existe encore bon nombre de sociétés où cette approche est la norme mais depuis les années 60, avec l'avènement de la société de consommation dans la plupart des pays occidentaux, l'affluence a engendré une consommation de masse et une abondance créant une situation de concurrence.

La demande étant devenue primordiale, les entreprises ont dû tourner leurs efforts vers les problèmes de la vente et les moyens d'atteindre le consommateur pour avoir leur part du marché. De plus en plus l'attention s'est portée sur celui qui détient la clé de l'activité économique, c'est-à-dire le client. En un premier temps on a essayé de définir les besoins (exprimés ou non) du consommateur et en un deuxième temps de les satisfaire en offrant des marchandises et des services adaptés à la demande perçue. La production devient ainsi un moyen de satisfaire la demande plutôt que d'être une fin en elle-même. Le marketing jouit souvent d'une mauvaise presse auprès du grand public qui l'associe à une stimulation de la demande en créant des besoins parfois artificiels chez les consommateurs. Il est souvent perçu comme la cause de ventes (donc de dépenses) non nécessaires, par des méthodes parfois contestables. Il est certain que des excès ont été commis au nom de la vente à tout prix. Le combat est trop inégal entre l'individu et la puissance de l'entreprise. Les mouvements de consumérisme ont cherché à redresser l'équilibre et se sont mis au service du consommateur (voir Chapitre 1).

Puisque le consommateur et ses besoins sont devenus le centre des préoccupations de l'entreprise et les éléments dominants de la production, le marketing a une position privilégiée dans la gestion de l'entreprise vue comme ensemble de **choix stratégiques**. Les stratégies seront fondées sur des choix commerciaux qui doivent être faits à partir de l'information disponible. Le créneau* du produit dans le marché, la clientèle visée ou les points de distribution sont des choix opérés par les services de marketing. Ces choix cruciaux vont déterminer l'avenir du produit et son succès. Le marketing est donc loin d'être une série de pratiques plus ou moins douteuses exploitant la naïveté du public. Il a acquis ses lettres de noblesse en devenant le coeur même de la stratégie de l'entreprise.

Le Marketing

Le marketing apparaît donc comme 'la préparation, la mise en oeuvre et le contrôle d'une politique intégrée, fondée sur les décisions des consommateurs, grâce aux outils intellectuels et matériels fournis par les sciences'. (J.P. Helfer)

Pratiquement le marketing représente l'ensemble des techniques qui aboutissent à la mise en place d'un produit sur le marché et à son succès commercial.

Le marketing est une nouvelle façon d'envisager la production qui place le consommateur au centre des préoccupations de l'entreprise. Pour satisfaire le consommateur il faudra comprendre ses comportements, donc connaître:

- ses besoins

- ses motivations

- son style de vie

- l'influence du groupe auquel il appartient

- les aspects négatifs qui peuvent freiner ses achats (habitudes, idées préconçues).

A partir des études faites sur les besoins du consommateur on détermine:

- la conception du produit

- son prix

- les circuits de distribution* appropriés

- une politique de publicité* et de promotion adaptée à ces consommateurs

Les Techniques du Marketing

L'approche marketing est rationnelle et scientifique. Les décisions doivent être fondées sur des faits qui sont établis par des études de marché. Encore une fois l'information est le mot-clé.

Les Etudes de Marché. Le premier travail consiste à réunir le plus d'information possible sur laquelle s'appuieront les décisions commerciales. Cette information peut porter aussi bien sur le produit lui-même que sur les consommateurs, sur la disponibilité des matières premières[*] comme sur la concurrence. Ces études sont de rigueur, qu'il s'agisse de lancer un produit[*], de le modifier en en repensant la présentation ou de diversifier en étendant une gamme existant déjà.

Les études de marché[*] qui concrétisent ce type de recherches sont la base des opérations du marketing. Les entreprises elles-mêmes peuvent se charger de ces études ou recourir aux services d'organisations spécialisées. Elles exploiteront les données économiques existantes (documents et statistiques), feront des sondages et mèneront des enquêtes sur le terrain pour consulter directement un échantillonnage de consommateurs.

Si le consommateur est un des termes de l'équation, le produit en représente un autre, qu'il ne faut pas négliger sous peine d'avoir à s'incliner devant la concurrence.

Le Positionnement d'un Produit. Dans une situation de concurrence la lutte devient serrée entre les entreprises offrant des produits similaires. L'offre doit être adaptée aux demandes des consommateurs, ce qui est déterminé par l'étude de marché. Elle doit de plus avoir une position originale vis-à-vis de la concurrence. Il est inutile d'offrir exactement le même produit que les compétiteurs car le marché est déjà saturé. Il faut différencier votre produit ou, mieux encore, trouver le bon créneau, celui que d'autres n'ont pas encore exploité et qui répond à un besoin du consommateur.

Le succès d'un produit est presque toujours dû à un bon positionnement. C'est dire que rien n'est laissé au hasard en marketing. Les études seules ne suffisent pas cependant à garantir le succès. Pour un produit qui réussit, nombreux sont ceux qui connaissent un échec total et doivent être rapidement retirés* et ceux qui, après un bref succès initial, voient leurs ventes chuter* et doivent aussi être retirés.

Les causes d'échec peuvent être multiples: un produit qui arrive dans un marché encombré* et n'apporte rien de plus que les concurrents; un produit proposé à un prix trop élevé; un conditionnement inapproprié; une publicité insuffisante; un mauvais moment choisi pour le lancement.

Le Marketing Mix. La variété des motifs d'échec montre clairement que la stratégie du marketing doit être considérée comme une approche globale des décisions prises pour le produit et sa commercialisation. Ces décisions dépendent d'une multiplicité de variables que l'on ne considère plus isolément mais dans leur intégralité. La technique de 'marketing mix' combine ainsi diverses tactiques relatives au produit et au marché et s'attache particulièrement au dosage de ces éléments dans un cas défini.

Le marketing mix tiendra compte de facteurs tels que l'étude de marché, l'élaboration du produit, son conditionnement, le choix des canaux de distribution, la politique de prix, le service d'entretien* ou d'après-vente* et, bien sûr, la publicité. Ce qui est essentiel, c'est la **cohérence** de l'ensemble des stratégies.

L'Etendue des Applications du Marketing

Le dynamisme du marketing ne s'est pas montré uniquement dans son développement comme fonction et comme discipline. Il s'illustre également dans l'étendue toujours plus vaste de ses domaines d'action au cours des 30 dernières années.

A l'origine l'action du marketing était cantonnée* aux produits de grande consommation, les exemples classiques étant les poudres à laver, les produits de toilette et l'alimentation. Les vêtements et les voitures suivirent ensuite, ouvrant la porte à tous les autres biens de consommation et par la suite aux services: transports, assurances, vacances avec le développement des voyages organisés, etc. Le marketing des produits et des services est le mieux connu car le plus visible: la publicité est le moyen d'action choisi et les mass-media sont utilisés à grande échelle.

Certains autres domaines ont été touchés par le marketing bien qu'ils soient moins visibles car les cibles* sont plus étroites et les media ne sont pas utilisés. Exemple: le domaine de l'industriel. Il ne s'agit pas ici de promotion par la presse ou la télévision. Comme dans les cas précédents on fait des études pour définir les créneaux. Le ciblage des clients se fait par l'intermédiaire des foires commerciales, des salons, par la littérature technique ou les catalogues. La vente des produits industriels requiert de plus grandes connaissances techniques de la part des vendeurs, une bonne connaissance de la concurrence et des talents de négociateurs.

Plus récemment on a assisté à l'application du marketing comme instrument de propagande à l'échelle sociale. Les principes de base sont respectés: on fait passer un message, on le cible sur une catégorie de la population et on espère en retirer un bénéfice même s'il n'est pas chiffrable[*] immédiatement. On trouve dans cette catégorie les campagnes pour le port de la ceinture de sécurité, contre le sida, pour l'utilisation des droits civiques. Les associations caritatives[*] en viennent aussi à se vendre par le marketing de même que les partis politiques et , dernière génération, les hommes politiques eux-mêmes. Le marketing est devenu l'arme ultime des politiciens qui se font faire un 'profil': tout y passe, des vêtements à la coupe de cheveux en passant par les gestes et l'élocution. L'impression créée doit correspondre aux attentes de l'électorat et se traduire le jour venu en votes.

Les Métiers du Marketing

- **Le chef de produit**: Il/elle est responsable dans l'entreprise de la gestion d'un ou plusieurs produits. Son travail commence avec la conception du produit, passe par les études de marché puis la production, et finit avec la vente de ce produit.

- **Le commercial**: son travail commence là où celui du chef de produit s'arrête. Il s'occupe de la vente à proprement parler et du suivi[*] du produit.

- **Le chef de publicité**: Il est responsable du budget publicité d'une grosse entreprise ou d'une agence de publicité.

- **Le chargé d'études**: Il travaille en général dans un cabinet de conseil. Il étudie des cas spécifiques et offre des solutions aux problèmes présentés.

• **Le conseil:** Souvent employé dans des cabinets de conseil spécialisés. Il donne des conseils sur les stratégies, la communication et la distribution.

• **Le directeur de marketing:** Il est à la tête de toutes les opérations de marketing d'une entreprise.

LA PUBLICITE

La publicité est plus que l'arme essentielle de la vente d'un produit, c'est une nécessité absolue dans la politique commerciale. En effet, sans publicité le public ne rencontrera le produit que par hasard, donc il ne se vendra pas. La publicité au sens large est donc la communication d'un message qui tend à influencer le consommateur et orienter ses choix. Cela peut être une publicité de lancement lorsqu'il s'agit d'un *nouveau produit,* une publicité de rendement* pour maximiser la vente d'un article ou une publicité de prestige qui cultive dans l'esprit du consommateur une image de marque*, c'est-à-dire l'idée qu'il se fait d'un produit et de ses qualités. Il existe aussi une publicité de produit organisée par des producteurs et distributeurs ayant pour but commun la vente d'une denrée particulière.

> • Exemple:
> —La campagne 'Buvez du lait'. Le plus souvent cependant, la publicité est une publicité commerciale visant à vendre un produit ou une gamme de produits.

Ce que la Publicité Cherche à Faire

La publicité cherche à attirer l'attention du consommateur sur un produit, à lui donner par quelque motivation que ce soit le désir d'acheter ce produit et, phase ultime, de lui vendre ce produit. La publicité n'aura atteint son but que lorsqu'une vente en aura résulté.

Les motivations exploitées par la publicité relèvent fréquemment du domaine inconscient. On n'achète pas toujours un produit pour ce qu'il déclare honnêtement être, et les associations suggérées dans l'esprit du consommateur de manière non explicite jouent leur rôle dans la décision d'achat. Il est bien connu que la publicité vend du rêve. Ainsi telle barre de chocolat à la noix de coco vous transporte—pour un si petit investissement—dans des îles exotiques où tout est facile, beau et harmonieux. La publicité réveille aussi les vieux fantasmes* et joue sur l'image de ce que beaucoup désirent être: un homme verra son image 'macho' renforcée par l'achat de telle voiture, une femme se sentira valorisée et plus féminine par l'achat de telle marque de collants ou de parfums.

Les Supports

Les supports sont les moyens matériels par lesquels sont transmis ces messages publicitaires. Les supports traditionnels sont infiniment puissants car ce sont les mass-media: la presse, la télévision, la radio, l'affichage et le cinéma.

- La presse: quotidiens, journaux du dimanche, suppléments hebdomadaires, périodiques, revues professionnelles et spécialisées.

- La télévision: Comme de nombreux pays la France a maintenant des spots publicitaires sur ses différentes chaînes de télévision. Leur efficacité est excellente mais elle dépend en partie de l'heure à laquelle le message est transmis, du nombre et de la fréquence des répétitions.

- La radio: Le principe est le même que pour la télévision mais les résultats sont moins spectaculaires car l'image est un moyen très puissant de rétention d'un message.

- L'affichage: affiches dans les rues, murs peints, panneaux routiers géants.

- Le cinéma: De brefs films de publicité apparaissent au cinéma avant les films à long métrage*.

La presse, la télévision et l'affiche sont des supports particulièrement prisés des annonceurs et parmi ceux-ci la télévision est probablement le plus efficace, même si c'est le plus cher.

Le budget publicitaire d'un produit fait partie de la stratégie commerciale et devra être décidé à l'avance. S'il est insuffisant, le produit ne sera pas assez connu et ne sera pas acheté. D'un autre côté les dépenses publicitaires peuvent être hors de prix* et dépasser largement le budget envisageable par une entreprise: un spot publicitaire à la télévision, à une heure d'écoute maximum, n'est pas à la portée de toutes les entreprises.

La Promotion des Ventes

Elle est souvent confondue avec la publicité. En fait les deux sont des facettes complémentaires de l'action directe sur les ventes se situant à des niveaux différents: alors que la publicité pousse le consommateur vers le produit, la promotion des ventes pousse le produit vers le consommateur. Elle comporte toute une série de techniques publicitaires dites hors media, c'est-à-dire qu'elles n'utilisent pas les supports classiques des mass-media. Elle repose entre autres sur les promotions, la publicité directe, la télévente, les foires, expositions et salons.

Les Promotions. Le consommateur devra être persuadé d'acheter ce produit-ci plutôt que celui-là. Ce but peut être atteint par un rabais[*] (produit 'en promotion'), des coupons de réduction, des bons[*] à collectionner pour obtenir gratuitement un objet quelconque, des échantillons gratuits, etc.

La Publicité Directe. Elle se base sur l'achat impulsif d'un produit présenté soit sur le lieu de vente, soit à distance.

- La publicité sur le lieu de vente (PLV) comporte tout ce qui met le produit en valeur: les expositions du produit en présentoirs[*] et gondoles[*], les distributions gratuites, etc.

- La publicité directe à distance peut se faire par publipostage (ou mailing), c'est-à-dire l'envoi par la poste de prospectus ou catalogues accompagnés, bien entendu, de bons de commande[*].

- La télévente ou vente par téléphone est de plus en plus répandue car son taux d'efficacité est élevé (vente directe, prise de commande, visite d'un représentant).

- Les foires, expositions et salons offrent des lieux de rencontre entre producteurs et consommateurs, qu'ils appartiennent au grand public ou aux entreprises cherchant à s'équiper. Là encore le choix informé sur place doit résulter en commande ferme, d'où le soin apporté aux stands, à l'information et à l'accueil.

La Campagne Publicitaire

Elle est utilisée normalement pour lancer un nouveau produit. Parfois il s'agira d'une sorte de 'relancement', dans le cas par exemple d'un article qui a eu récemment mauvaise presse.

Le travail commence souvent par la sélection d'une agence de publicité[*] qui planifiera votre campagne. La préparation de la campagne portera sur les éléments suivants:

- Le ciblage des acheteurs dont on espère retenir l'attention (âge, pouvoir d'achat, position sociale).

- Le choix d'un nom qui créera la bonne image dans l'esprit du consommateur.

- Le choix de mots-clés représentant des idées autour desquelles s'articulera la campagne.

- 'L'accroche', c'est-à-dire la façon d'accrocher le client potentiel: sélection des supports, contrats pour l'espace publicitaire ou, le cas échéant, les tranches horaires*.

- Des annonces toutes prêtes sous forme requise pour différents media.

- Des matériaux de support comme affiches, logos, slogans, prospectus.

Annonces et matériaux de support doivent respecter la légalité, être brefs, précis, vrais et complets.

Les Relations Publiques

Le travail des Relations Publiques dans une entreprise est d'entretenir et, si besoin est, de valoriser l'image de marque que le public a de cette entreprise.

Le parrainage* (**ou sponsoring**) est un des moyens les plus spectaculaires, donc rentables*, d'arriver à ce but, en particulier le parrainage d'événements sportifs et de manifestations artistiques. Il influence le public directement aux manifestations elles-mêmes et indirectement par les media.

Dans les grandes entreprises le service des Relations Publiques est un service séparé alors que dans les plus petites il fait partie du service de Publicité.

VOCABULAIRE

pénurie (f) *shortage*
créneau (m) *gap, opportunity in the market*
circuit de distribution (m) *(chain of) distribution*
publicité (f) *advertising*

matières premières (f pl) *raw materials*
lancer un produit *to launch a product*
étude de marché (f) *market survey*
retirer *to withdraw*
chuter *to fall, to plummet*
encombré,-e *saturated*
entretien (m) *maintenance*
service après-vente (m) *after-sales service*
cantonné,-e à *limited to*
cible (f) *target*
chiffrable *quantifiable*
association caritative (f) *charity*
suivi (m) *follow-up*
rendement (m) *yield, return, profit*
image de marque (f) *brand image, corporate identity*
fantasme (m) *fantasy*
métrage (m) *length*
hors de prix *exorbitant*
rabais (m) *reduction, rebate, discount*
bon (m) *voucher*
présentoir (m) *display (stand, unit)*
gondole (f) *supermarket shelf, gondola*
bon de commande (m) *order form*
agence de publicité (f) *advertising agency*
tranche horaire (f) *time slot*
parrainage (m) *sponsoring*
rentable *profit-earning*

Vocabulaire Complémentaire

annonceur (m) *advertiser*
> C'est celui qui fait passer une annonce publicitaire

publicitaire (m/f) *publicity man/woman, publicist*
> C'est celui/celle qui réalise la publicité, de son concept à sa création.

conditionnement (m) *display packaging*
> Le conditionnement représente le contenant d'un produit à l'unité, prêt pour la vente (une boîte, une bouteille, etc)

emballage (m) *packing, transport packaging*

> L'emballage est le contenant qui permet de regrouper des produits afin de
> les expédier (boîte en carton, caisse, etc.)
> Le mot 'emballage' est fréquemment employé pour 'conditionnement'.

ACTIVITES

1. Les slogans

    Quel est le but du slogan? pensez-vous qu'il soit efficace?
    Cherchez des exemples de slogans en France ou dans votre pays
    et jugez leur efficacité.

2. L'affichage

    Prenez un exemple d'affiche publicitaire qui vous paraît
    particulièrement bon et analysez les raisons pour lesquelles ces
    affiches sont frappantes et sont un bon investissement.

3. Traduisez

    a. en anglais:

        —Grâce au suivi de nos produits, notre image de marque ne
        cesse de s'améliorer.
        —En moins de six mois nous avons atteint notre cible.
        —La gamme de nos produits est telle que nous sommes
        assurés d'une position dominante sur le marché.

    b. en français:

        —The new packaging does not seem to appeal to the
        younger customer.
        —This product will be phased out within the next two years.
        —The launch will take place at national level next month.

4. La publicité de la valise Vuitton est une publicité de prestige.
    Celle de la bouteille de champagne Mercier est une publicité de
    relancement. Etudiez-les, analysez l'impression qu'elles cherchent
    à produire sur le consommateur et les sources de leur succès.

Louis Vuitton. L'âme du voyage

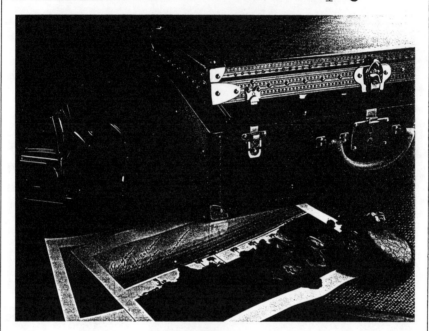

 La valise Alzer en toile Monogram. Empreintes de la magie des grands voyages d'antan, toutes les créations de Louis Vuitton appartiennent au domaine de l'exception. Elles renouvellent, en la respectant, la tradition des compagnons-malletiers et témoignent de la haute exigence de la Maison qui a donné ses lettres de noblesse au voyage.

LOUIS VUITTON
MALLETIER A PARIS

MAISON FONDÉE EN 1854

Les bagages et accessoires Louis Vuitton ne sont en vente que dans les magasins exclusifs Louis Vuitton : Paris, 78 bis avenue Marceau, 54 avenue Montaigne · Nice, 2 avenue de Suède · Cannes, 44 La Croisette · Deauville, rue du Casino · Strasbourg, 18 place de la Cathédrale · Toulouse, 26 rue Croix Baragnon · Lyon, 94 rue du Président Edouard Herriot · Bordeaux, 42 cours Georges Clemenceau · Monte-Carlo, 6 avenue des Beaux-Arts · Genève, 31 rue du Rhône · Lausanne, 30 rue de Bourg · Bruxelles, 25 avenue Louise.

5. Inventez un produit (pensez au bon créneau), trouvez-lui un nom et préparez votre campagne de publicité.

6.

___

investissez dans la PLV !

La PLV (Publicité sur le lieu de vente) est là pour communiquer un message.

Les secteurs d'activité qui font appel à cette technique sont assez variés (produits pétroliers, automobile, services, électroménager, biens d'équipement), avec deux grands consommateurs de PLV : l'hygiène-beauté et l'alimentation-boissons. Des laboratoires Vendôme à Contrex en passant par Maggi, Vahiné ou Colgate, l'annonceur en PLV investit chaque année entre 2 et 3 millions de francs. La France représente aujourd'hui le pays européen leader en matière de PLV, avec près de deux cents producteurs. Les annonceurs confirment de leur côté leur intérêt pour cette technique mais deviennent exigeants et attendent un retour sur investissement rapide. La PLV permet d'augmenter les ventes et de lancer un produit, tout en informant le consommateur sur les produits existants par des offres promotionnelles. Cette technique reste encore souvent utilisée dans les magasins traditionnels, alors qu'elle commence à connaître un fort succès dans la grande distribution. Aujourd'hui, les campagnes de PLV sont très rarement mises en œuvre seules. La plupart des entreprises l'ont en effet intégrée à des campagnes de promotion ou de publicité.

Les médias de la PLV restent très traditionnels alors que l'informatique n'a pas encore trouvé sa place malgré l'apparition de bornes interactives. Sur le plan technique, la PLV se caractérise par cinq grandes tendances :

▶ Le développement important des matériels de valorisation des linéaires.

▶ L'utilisation de plus en plus fréquente de plusieurs matériaux dans l'élaboration des matériels de PLV.

▶ Le retour des supports animés, très utilisés dans les années 60.

▶ La recherche de nouveaux supports : céramique, béton, décors plus luxueux.

▶ La recherche de nouveaux matériels à base d'informatique, de télématique et autres procédés électroniques. ■

Les techniques à employer

▶ *La vente avec primes*
Prime directe : offre d'un article supplémentaire.
Prime à l'échantillon : technique consistant à remettre directement un produit échantillon.
Prime contenant : technique consistant à transformer le conditionnement du produit pour en faire un contenant réutilisable par l'acheteur.
Prime produit en plus : offre d'une plus grande quantité de produits pour le même prix.
Offre autopayante : proposition d'un article à prix avantageux et véhiculée par une marque.

▶ *Les techniques de jeux*
Concours : promesse d'un gain substantiel.
Gamme, loterie, sweestake : jeux divers du type « tirage au sort ».
« Winner per store » (un gagnant par magasin) : réalisation d'un tirage au sort dans un point de vente.

▶ *Réduction de prix*
Bon de réduction : coupon ou titre donnant droit à une réduction.
Offre spéciale : prix spécial consenti au public pendant une période déterminée.
3 pour 2 : proposer trois produits pour le prix de deux.
Vente groupée : ensemble de produits vendus en même temps.
Offre de remboursement : réduction sur présentation d'une preuve d'achat.
Reprise de produit : rachat par un fabricant d'un vieux produit de la marque.

▶ *Essais et échantillonnages*
Echantillon : taille réduite d'un produit diffusée gratuitement pour en faire connaître la nouveauté.
Cadeau gratuit : distribution d'un cadeau pour inciter le public à une action déterminée (s'abonner à un journal).
Démonstration : présentation commentée des qualités d'un produit.

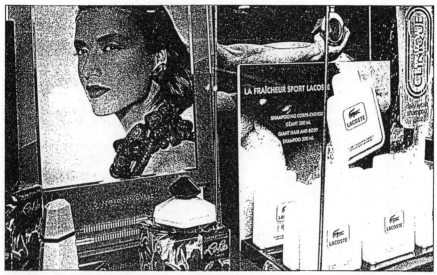

Avec des présentoirs en plastique, papier, carton ou métal, la PLV fait passer vos messages.

© Informations Entreprise

—Quels sont les objectifs de la PLV ?

—Définissez les secteurs d'activité qui font appel à la PLV.

—Donnez un aperçu des moyens d'action de la PLV.

7.

Marketing
Les corn flakes à l'assaut du café-crème

Qui aurait osé miser un franc, il y a dix ans, sur des pétales de maïs ? Aujourd'hui, les céréales envahissent les petits déjeuners des Français. A l'origine de cette mutation culinaire, un marketing à forte dose publicitaire. Première cible : les enfants.

Le maïs, c'est bon pour les poules !» Dans les provinces françaises, l'invective fusait quand, au début des années 80, les démarcheurs de Kellogg's, corn flakes sous le bras, osaient vanter les bienfaits nutritionnels des céréales. Car nos habitudes alimentaires sont tenaces : au petit déjeuner, encore expédié en moyenne en dix minutes, la baguette franchouillarde reste vénérée et le petit noir est le plus souvent avalé sur le pouce. «Les céréales ne correspondent pas au schéma mental traditionnel des Européens continentaux», constate-t-on à la Cofremca.

Et pourtant… En dix ans, les multinationales du pétale de maïs ont réussi à changer cette tradition. 25% des foyers hexagonaux ont aujourd'hui adopté les corn flakes et autres mueslis. La consommation annuelle par tête a bondi : 60 grammes en 1979, 900 aujourd'hui (contre 200 grammes seulement pour les Italiens ou les Espagnols). Elle talonne désormais celle des Allemands (970 grammes), sans toutefois atteindre le record mondial des Irlandais (7 kilos !). «Avec des taux de croissance annuels de 20% depuis cinq ans, c'est, en France, le créneau qui progresse le plus dans l'alimentaire», constate Patrick Henocq, chef de groupe céréales de Quaker France. Un créneau qui a représenté, en 1991, 1,7 milliard de francs de chiffre d'affaires. Il est vrai que les américains Kellogg's (le leader mondial, qui détient près de 60% du marché français) et Quaker (13%) ainsi que Cereals Partners Worldwide, le joint-venture helvético-américain récemment lancé par Nestlé et General Mills, ont mis la paquet. En appliquant scrupuleusement des techniques de marketing éprouvées, qui s'appuient sur cinq recettes de base.

● **Faire rimer céréales et équilibre.** C'est en cherchant à améliorer la digestion de ses patients du sanatorium de Battle Creek, dans le Michigan, qu'en 1896 le stomatologue John Harvey Kellogg invente la recette des premiers pétales de maïs, les corn flakes : la Kellogg Company est née. Simple anecdocte ? Non : à l'heure du «tout santé», le leader mondial des céréales insiste sur ses origines paramédicales et distille la bonne parole diététique. L'étiquetage nutritionnel, inventé dès les années 40 aux Etats-Unis, permet au client de ne rien ignorer des protides, lipides et calories qu'il engloutit. L'enrichissement des céréales en fer et en vitamines, autorisé par dérogation en France en 1988 (les produits de grande consommation ne pouvant pas normalement subir ce traitement), est clairement affiché sur les packagings. La communication des céréales «All Bran», qui ont déjà conquis 3% du marché, insiste sans détour sur les bienfaits du son sur le tansit intestinal. Objectif commercial du message : associer dans l'esprit du consommateur céréales, alimentation équilibrée et diététique. «Dans nos publicités, les céréales sont toujours intégrées dans le cadre d'un petit déjeuner complet. Elles ne sont jamais mises en scène seules», reconnaît Michel Moggio, directeur du marketing de Kellogg's. Même credo chez le challenger Cereal Partners Worldwide : «Nous commercialisons nos produits, non pas sous la marque General Mills, pourtant numéro 2 américain, mais sous le nom de Nestlé, parce que, pour 90% des mères, la firme suisse est la caution d'une alimentation bénéfique pour les enfants», explique-t-on à la CPF, la filiale française.

● **Séduire l'enfant-roi.** Une seule limite à ce vaste plan de santé publique : même s'ils sont réceptifs aux arguments nutritionnels, les adultes ne changent que difficilement leurs habitudes de consommation. D'où l'intérêt de viser les enfants qui sont, eux, malléables et friands d'innovations. En cinq ans, ils ont doublé le temps qu'ils consacrent au petit déjeuner. Et ceux qui partent à l'école le ventre vide sont de moins en moins nombreux (19% en 1991). De surcroît, ces futurs parents, sensibilisés aux bienfaits nutritionnels des céréales, en prescriront l'achat à leurs propres enfants et continueront à en consommer eux-mêmes. Les séduire c'est donc convertir, à terme, toute la population française ! Pour cela, les techniques sont subtiles et variées : Nestlé comme Quaker, par exemple, vont jusqu'à expédier des «équipes pédagogiques» dans les écoles primaires. Les résultats sont déjà significatifs : près de 60% des «mangeurs de corn flakes» sont des jeunes. Les céréales chocolatées, spécialement conçues pour les jeunes clients, font des prouesses : + 40% en valeur en 1991. Chocapic (de Nestlé), premier produit du genre lancé en 1984, caracole aujourd'hui en seconde position du marché, juste derrière les corn flakes de Kellogg's.

● **Lancer constamment de nouveaux produits.** La leçon de Chocapic – son nouvel arôme a ouvert un créneau qui pèse aujourd'hui près de 400 millions de francs – a été retenue par tous les grands de la profession. «40% des ventes sont réalisés grâce à des produits qui ont moins de cinq ans de vie», confirment les consultants en stratégie de Précepta. L'objectif est clair : segmenter le marché en identifiant des clientèles ciblées et en leur offrant des produits adaptés. Exemple : pour séduire les femmes soucieuses de leur ligne, Kellogg's a lancé Spécial K, riche en protéines et pauvre en calories. Innover permet également d'imposer des céréales plus sophistiquées, et donc plus chères : les riches mueslis (jusqu'à 100 francs le kilo) ont désormais supplanté, dans les ventes, les basiques corn flakes (20 francs le kilo). Enfin, le renouvellement ininterrompu des produits coupe l'herbe sous les pieds des concurrents. L'année dernière, sur une gamme de cinq produits, Nestlé s'est vu obligé, faute d'originalité, d'en remettre trois dans ses tiroirs : Nidelles, Chokel et Soleil.

● **Matraquer les consommateurs à coups de publicité.** Avec un budget publicitaire dans l'Hexagone de près de 200 millions de francs, Kellogg's s'est placé, en 1991, au cinquième rang des annonceurs alimentaires français. Cette somme représente 20% du chiffre d'affaires de sa filiale française. Les concurrents ne sont pas à la traîne. En 1991, les dépenses publicitaires, toutes marques confondues (250 millions de francs contre 10 en 1980) ont bondi de plus de 33%. «Kellogg's met le paquet pour endiguer la montée en puissance de Nestlé, constate un distributeur. Ces multinationales se combattent à coups de spots télé parce que, pour elles, la progression des ventes est directement liée aux investissements publicitaires.» Problème : pour mieux atteindre le public des enfants.

90% des efforts promotionnels se portent sur la télévision. Or, depuis 1987, les mineurs ne peuvent plus vanter les mérites d'un produit sur le petit écran. Les fabricants ont su trouver une parade avec le dessin animé. «La mise en scène d'animaux associés à un produit – la grenouille Smacks, l'abeille Loops, le tigre Frosties – permet l'identification de l'enfant à ce personnage fictif qui, lui, va "vendre" les céréales», explique un fabricant. Dans les rayons, une multitude de gadgets et de jeux, réalisés par des équipes spécialisées de créatifs, prennent le relais.

● **Courtiser les grands distributeurs.** 98 % des ventes de céréales transitent par la grande distribution. Sur les rayons, 180 sortes de mueslis, crousty et autres corn flakes se disputent la vedette contre 10 à peine en 1980. Les mastodontes du commerce ont donné un sérieux coup de pouce aux industriels du petit déjeuner. Mais ils ont aussi flairé la bonne affaire : les marges nettes des céréales dépassent 10%. Et, désormais, Carrefour, Continent, Monoprix, comme Leclerc, exploitent le filon sous leurs propres marques : ils contrôlent déjà 8% des ventes... «Les packagings sobres de notre première gamme de céréales mettaient l'accent sur nos prix bas. Ils n'ont pas attiré nos clients parce que, dans le cas d'un achat d'impulsion, le prix est peu déterminant. Nous sommes en train de tout refaire», explique-t-on chez Leclerc. Visiblement, la grande distribution a de l'ambition : elle vise, à terme, un quart du marché ! Les trois grands céréaliers n'ont qu'à bien se tenir.

Nathalie Mons ◼

a.   Répondez aux questions:

—Comment les habitudes du petit déjeuner français traditionnel ont-elles été bouleversées?

—Quelle section du public a été particulièrement visée?

—A quelles motivations a-t-on fait appel chez les enfants? chez les adultes?

—Quelle a été l'évolution du marché des céréales en France au cours des dix dernières années?

b.   Résumez le texte en 300 mots.

X

ACHATS ET VENTES

LES ACHATS

Le Service des Achats d'une entreprise a essentiellement deux tâches: l'une est l'achat de tous les matériaux nécessaires à la fabrication du produit fini, l'autre le stockage à l'entrepôt* des matières premières et des produits finis.

Le Service de l'Approvisionnement

Les achats de matériaux sont effectués par les acheteurs* qui doivent se renseigner pour trouver les meilleurs marchés et négocier les prix. Les sources d'approvisionnement d'une entreprise peuvent être les producteurs ou encore les grossistes* lorsque les quantités requises ne justifient pas une commande aux fabricants*.

Un constructeur d'automobiles aura besoin de produits déjà manufacturés comme des phares ou des pneus qu'il devra se procurer aux meilleures conditions pour obtenir un rapport qualité-prix satisfaisant. Par contre la fabrication de produits alimentaires nécessitera l'achat de matières premières que l'acheteur ira souvent négocier là où elles sont produites.

Dans le cas de grandes entreprises (magasins à succursales* ou vente par correspondance) les achats sont organisés par des groupes d'achats qui rassemblent autour d'un chef de groupe des acheteurs, des responsables du marketing et des gestionnaires*. Les acheteurs sillonnent l'Europe voire le monde (Extrême-Orient) à la recherche de produits correspondant à des critères établis (styles, couleurs, fourchette de prix*). Le cas échéant ils feront modifier un article préexistant ou en fabriquer un selon leurs directives. Les responsables du marketing et des finances devront décider des quantités à la commande, ce qui n'est pas toujours aisé, compte tenu de la concurrence et, pour certains articles, des fluctuations de la mode.

Tous ces **voyages d'affaires** qui mènent les acheteurs autour du monde peuvent paraître chers mais ils sont rentables si l'on considère les remises* importantes ou les tarifs dégressifs* que l'on peut obtenir sur de grandes quantités. Ils ont également l'avantage de dispenser des services des intermédiaires. Même lorsque ces derniers sont efficaces ils ajoutent une part non négligeable au prix des produits.

Au cours d'un voyage d'affaires on pourra vous proposer des contrats très intéressants mais si vous voulez en référer à vos supérieurs ou tout simplement réfléchir plus longuement aux conditions proposées, il est normal de demander un délai de réflexion* avant de signer le contrat.

Lorsque vous négociez des contrats pour l'approvisionnement et le transport de matières premières ou de produits finis, il est essentiel de ne pas négliger le délai de livraison*. Exemple: votre magasin veut vendre pour Noël des ours en peluche en provenance de Corée. Vous devez stipuler dans le contrat une date après laquelle ils ne seront plus acceptables: s'ils arrivent début janvier vos rayons seront encombrés de jouets invendables. Vous aurez perdu des ventes et votre investissement sera improductif.

Le Service des Stocks

Vous avez passé une commande ferme, vos produits viennent d'être livrés. Il faut maintenant les stocker dans votre entrepôt.

Le premier travail est effectué par les **réceptionnaires***. Réceptionner des marchandises signifie plus que les recevoir. Il faut aussi s'assurer que la commande est conforme au bon de livraison*. La signature de ce bon (ou bulletin) engage votre responsabilité.

Les **magasiniers*** et **manutentionnaires*** sont ceux qui manipulent et transportent les marchandises dans l'entrepôt, qu'il s'agisse de les y faire entrer ou de les transporter d'un point à un autre.

Les stocks sont composés des marchandises que l'on achète pour les transformer ou les revendre ainsi que des marchandises finies produites par votre entreprise et qui doivent être expédiées. Les magasiniers les passeront aux **emballeurs*** puis aux **expéditeurs*** qui les remettront à un transporteur*, parfois à un livreur*. Un livreur transporte par camion à l'adresse du client.

Les **conteneurs** (ou containers) sont employés de plus en plus fréquemment à la place des caisses[*] et autres emballages pour la manutention[*], le stockage et le transport des marchandises. Ce sont de grandes caisses métalliques de taille standard. Ils ont l'avantage de simplifier l'emballage car on peut y mettre directement les marchandises, et celui d'être facilement transportés par des chariots élévateurs[*] ou des grues[*]. Leur taille standard les rend aisés à ranger sans perdre d'espace dans le stockage ou le transport.

Le service des stocks est en contact permanent avec le service d'approvisionnement qui assure qu'il n'y ait pas de rupture de stock,[*] et avec le service de la comptabilité. Une fois les bons de livraison signés, ils sont envoyés à la comptabilité qui se chargera des paiements.

Traditionnellement les entrées et sorties des stocks étaient portées sur des registres et l'inventaire se faisait une fois par an. Dans la plupart des cas maintenant la gestion des stocks se fait par ordinateur: les entrées et sorties sont portées au fur et à mesure, ce qui assure que l'inventaire est constamment à jour. Il faut tenir compte cependant des déperditions[*] dues à des marchandises endommagées ou encore à des vols, particulièrement dans les supermarchés et hypermarchés. L'inventaire reste donc une nécessité car lui seul établira ce qui est réellement en stock par opposition à ce qui devrait y être.

La Négociation et la Commande

Le client qui s'approvisionne dans un magasin ou une usine a une tâche relativement simple lorsqu'il s'agit de commander: il remplit un bon de commande où seront précisés la nature et la quantité des marchandises, le choix de tailles, couleurs, etc. Il devra ajouter le port[*] et l'emballage, inclure son paiement et le tour est joué.

Lorsqu'il s'agit d'achats importants par des entreprises et portant sur de grandes quantités de marchandises, la commande sera précédée de négociations au terme desquelles sera signé un contrat. Ce sont les négociations qui vont déterminer les clauses du contrat. Il est essentiel pour éviter tout litige de se mettre d'accord sur des clauses claires et précises, d'autant plus que dans le contexte du commerce international les droits ne sont pas les mêmes dans tous les pays.

Lorsque le contrat est signé et qu'une commande ferme est passée, il est nécessaire d'opérer certains contrôles à divers stades:

- le délai de livraison,

- les marchandises à la livraison ou au déballage (nature, quantité, état),

- la facture qui doit correspondre à la commande et à ce qui a été reçu.

LES VENTES

La Force de Vente

Elle comprend tous les employés ayant pour mission le contact entre l'entreprise et la clientèle. La force de vente a pour but de conserver les positions acquises sur le marché et d'en acquérir de nouvelles. C'est une force à ne pas négliger car la rentabilité d'une entreprise dépend des performances de sa force de vente. A l'entreprise donc revient la responsabilité de former une équipe motivée et compétente qui sera bien encadrée administrativement. Les deux aspects sont essentiels: un vendeur mal formé ou peu motivé n'obtiendra que de maigres résultats, quelle que soit la qualité de l'administration qui l'entoure; un vendeur modèle et performant s'attirera les critiques de la clientèle si les commandes sont transmises tardivement ou mal exécutées.

La force de vente comporte:

Les vendeurs
Le mot a deux sens à différents niveaux: le fournisseur ou l'employé qui vend dans un magasin.

Les chefs de rayon
Les grandes entreprises sont divisées en départements ou rayons (le rayon alimentation, le rayon sport) qui ont à leur tête un chef de rayon.

Les représentants et VRP (Voyageurs, Représentants, Placiers)
Ce sigle recouvre des professions légèrement différentes qui sont celles de salariés agissant comme intermédiaires entre les fabricants ou les grossistes et les clients. Le voyageur, comme son nom l'indique, se déplace constamment pour aller d'un client à un autre. Il peut être 'monocarte' s'il travaille pour un seul employeur ou 'multicarte' s'il travaille pour plusieurs. Il n'a pas en général la responsabilité de conclure une affaire. Le

représentant se déplace moins que le voyageur. Par contre il travaille beaucoup par téléphone. Le placier 'fait la place', c'est-à-dire qu'il visite la clientèle d'une même ville, consommateurs privés aussi bien que commerçants. Les distinctions entre ces diverses professions se perdent souvent et le titre de VRP est souvent utilisé comme synonyme de représentant.

Les télévendeurs

La pratique de la vente par téléphone est de plus en plus courante. Le télévendeur est celui qui prend contact par téléphone avec les entreprises ou les particuliers afin de présenter un produit. Son objectif est en général d'obtenir un rendez-vous avec un représentant qui essaiera de vendre son produit une fois le premier obstacle franchi, c'est-à-dire la porte ouverte.

Vendeurs et VRP sont considérés comme les ambassadeurs de l'entreprise. C'est à eux qu'incombe la responsabilité de transmettre et d'entretenir l'image de marque de l'entreprise chez les clients, d'autant plus qu'ils sont les seules personnes connues de l'entreprise et représentent son visage humain.

Quelles sont les qualités requises d'un bon vendeur? Aimer le contact personnel et être d'un abord aimable, être dynamique, persuasif et bien connaître son domaine d'action (produits et concurrence). La meilleure façon de motiver la force de vente est de la rémunérer en fonction de ses performances par des primes* ou par une commission qui s'ajoute au salaire fixe.

Les Intermédiaires

- Les **VRP** peuvent être considérés à la fois comme des employés et comme des intermédiaires en ce qu'ils favorisent la distribution des produits du producteur jusqu'au consommateur.

- Les **concessionnaires*** sont des commerçants qui se spécialisent dans la vente d'un produit sur lequel le producteur leur aura donné des droits exclusifs. Le contrat prévoit qu'ils doivent en assurer le service après-vente (SAV).

- Les **commissionnaires** sont des commerçants qui achètent ou vendent des marchandises en gros pour le compte d'un commettant. Ils agissent sous leur propre nom et sont rémunérés par un pourcentage sur les affaires traitées.

- **Les courtiers*** sont des intermédiaires qui mettent en rapport acheteur et vendeur. Ils sont aussi payés à la commission mais, à la différence des commissionnaires, ils n'agissent pas sous leur propre nom. Les principaux champs d'activité des courtiers sont, outre les marchandises, les assurances et les transports maritimes.

- **Les agents commerciaux** représentent une entreprise dans d'autres pays en tant que vendeurs indépendants payés à la commission. Ils transmettent les commandes mais n'assurent pas de SAV.

La Facturation

Comment calculer le Prix de Vente d'une Marchandise? Le prix de revient* représente le coût de production: matières premières, salaires des employés, frais généraux (locaux, électricité, téléphone, impôts, etc), et également le coût de la distribution: publicité, représentants, promotions.

Le prix de vente hors taxes (HT) est composé du prix de revient et de la marge bénéficiaire.

Le prix de vente toutes taxes comprises (TTC) est le prix de vente HT auquel ont été ajoutées les taxes payables. Dans la plupart des cas il s'agit de la TVA (voir Chapitre 13).

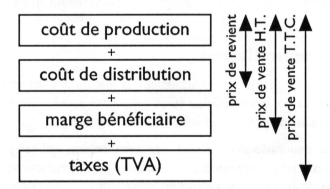

La Facture. La facture est le document qui détaille la nature, la quantité et le prix des marchandises payables. D'autres mentions peuvent y être apposées, relatives à des charges supplémentaires ou des réductions de prix. Le total net à payer est indiqué au bas de la facture.

Les charges supplémentaires peuvent inclure les frais d'emballage, de transport, d'assurance et la TVA si le prix était hors taxes.

Les réductions possibles peuvent être une remise (réduction accordée sur la quantité), un escompte* (réduction accordée pour les paiements au comptant) ou un avoir* si vous avez trop payé lors d'une commande précédente.

Ce qui doit figurer sur une facture:

- Le nom et l'adresse du vendeur

- Le nom et l'adresse de l'acheteur

- La date

- Le détail des marchandises (description, référence, quantité)

- Le prix unitaire*

- Le montant global

- Les charges supplémentaires

- Les réductions

- Le montant net à payer

Une facture porte en général mention des conditions de paiement: pour les petites sommes la facture se règle normalement au comptant*; pour les sommes plus importantes la facture peut se régler à terme* (le client reçoit les marchandises mais ne les règle que plus tard, à une date fixée au moment de la vente) ou à tempérament* (le client reçoit les marchandises et les paie en plusieurs versements* échelonnés à des dates fixées au moment de la vente).

Quand les choses vont mal...

Le Client n'est pas satisfait: Les marchandises ne correspondent pas à la commande, elles ne sont pas arrivées ou elles sont arrivées endommagées, la qualité n'est pas satisfaisante.

Le client va alors faire une réclamation et exprimer ses griefs, de préférence par écrit. S'ils sont justifiés l'entreprise changera le produit ou le remettra en état de marche à ses frais. C'est le cas notamment des articles vendus sous garantie. A supposer que le produit ne puisse être remplacé et que le client ait déjà payé, il sera remboursé ou recevra une facture d'avoir.

Les services après-vente ont une importance croissante surtout lorsqu'il s'agit de machines (équipement électroménager, radio-télévision, photographie). Ils peuvent échanger les marchandises, les réparer ou tout simplement vous conseiller sur leur utilisation. Un SAV est une lourde charge pour une entreprise mais, si le service est excellent, la réputation du fabricant en sera rehaussée*. Il en résultera des ventes accrues et une clientèle fidélisée*: c'est donc un bon investissement. Ce service est le complément du Marketing et des Relations Publiques et témoigne d'un souci de mieux faire connaître les produits et de projeter une image de marque de qualité.

Le Fournisseur n'est pas satisfait: Il s'agit en général de non-paiement des marchandises. Les factures impayées sont dites 'en souffrance*'.

La méthode traditionnelle pour rappeler aux clients leurs dettes est de leur envoyer une lettre de rappel*. Beaucoup cependant restent sans réponses. Les coûts de secrétariat et d'affranchissement sont perdus car ces lettres sont souvent classées ou mises à la corbeille. Une méthode qui s'est avérée plus efficace et devient populaire est la relance des impayés par téléphone. Le coût n'en est pas négligeable mais les résultats sont meilleurs car il y a contact personnel. En cas de difficultés du client à payer, le service de comptabilité peut suggérer des conditions de paiement appropriées qui dépendront de l'importance de la somme due et du client (est-il connu? est-ce un gros client? est-ce la première fois qu'il a des arriérés?)

Après plusieurs lettres de rappel, ou appels téléphoniques qui n'ont pas abouti au paiement, le service de comptabilité pourra référer le cas au service du contentieux*. Ce service s'occupe également des cas de réclamations qui n'ont pu être résolus par le service après-vente. Si le client persiste à ne pas payer, l'entreprise devra entamer des poursuites judiciaires.

VOCABULAIRE

entrepôt (m) *warehouse*
acheteur (m) *buyer, purchaser*

grossiste (m) *wholesaler*
fabricant (m) *maker, manufacturer*
succursale (f) *branch (store, bank)*
gestionnaire (m) *manager, administrator*
fourchette de prix (f) *price range*
remise (f) *discount*
tarif dégressif (m) *decreasing tariff*
délai de réflexion (m) *cooling-off period, period of grace*
délai de livraison (m) *delivery time*
réceptionnaire (m) *receiving clerk*
bon de livraison (m) *delivery order*
magasinier (m) *warehouseman*
manutentionnaire (m) *warehouseman, handler*
emballeur (m) *packer*
expéditeur (m) *dispatcher*
transporteur (m) *carrier*
livreur (m) *delivery man*
caisse (f) *(packing) case, box, crate*
manutention (f) *handling*
chariot élévateur (m) *fork-lift truck*
grue (f) *crane*
en rupture de stock (f) *out of stock*
déperdition (f) *loss*
port (m) *cost of transport, postage*

prime (f) *bonus*
concessionnaire (m) *dealer, agent*
courtier (m) *broker, agent*
prix de revient (m) *cost price*
escompte (m) *discount*
avoir (m) *credit note*
prix unitaire (m) *unit price*
payer (au) comptant *to pay cash*
à terme *on credit*
à tempérament *on hire purchase*
versement (m) *instalment*
rehausser *to enhance, to increase*
fidéliser (la clientèle) *to establish/develop customer loyalty*
en souffrance *pending*

lettre de rappel (f) *reminder*
contentieux (m) *legal department*

ACTIVITES

1.   Le vendeur

     Quelles doivent être ses compétences et ses qualités?

2.   Un contrat (jeu de rôles à faire par paires)

     Vous êtes acheteur pour une grosse maison de VPC. Vous avez trouvé un fournisseur d'anoraks que vous voudriez mettre sur le marché pour l'hiver prochain. Cet achat va bien sûr faire l'objet d'un contrat entre votre entreprise et votre fournisseur. Quels éléments devront figurer sur ce contrat? Discutez-les avec votre interlocuteur (le fournisseur) pour obtenir les conditions les plus favorables possibles.

3.

A vous de jouer!

LE JEU-TEST DU NEGOTIATEUR

Si vous êtes plutôt d'accord, mettez une croix dans la case correspondante.
Si vous n'êtes pas d'accord, n'inscrivez rien.

1 Dans certaines négociations, vous adoptez une attitude cordiale dans le but de réduire la vigilance de vos interlocuteurs

2 Même si cela peut vous faire perdre un avantage important, vous ne prenez pas un engagement que vous n'êtes pas sûr(e) de pouvoir tenir

3 Lorsque vous négociez avec plusieurs interlocuteurs, vous recherchez à tirer profit des divergences qui apparaissent entre eux

4 Vous êtes enclin à faire des concessions quand vous vous trouvez en face de personnes qui se montrent sympathiques

5 Au cours d'une négociation, il vous arrive de prêcher le faux pour connaître le vrai

6 Dans les affaires vous concernant, vous cherchez avant tout à conclure des accords vous donnant entière satisfaction

7 Lorsque les autres se montrent trop exigeants, vous pensez que simuler une rupture va les inciter à faire machine arrière

8 Vous estimez que faire connaître vos propres objectifs au début d'une négociation va inciter les autres à vous faire part des leurs

9 Même si votre intention est de vous limiter à l'affaire en cours, vous faites entrevoir des possibilités futures afin d'obtenir des autres un avantage immédiat

10 Au début d'une négociation, vous cherchez à savoir ce à quoi les autres veulent en venir

11 Lorsque votre bonne foi et votre point de vue vous paraissent évidents, vous estimez ne pas avoir besoin de préparer en détail ce que vous allez dire aux autres

12 Au cours d'une négociation, vous prenez le temps nécessaire pour découvrir ce qui motive personnellement vos interlocuteurs

13 Lorsque vous négociez, vous vous sentez assez sûr(e) de vous pour manœuvrer aisément vos interlocuteurs

14 Dans une négociation importante, vous n'êtes pas arrêté(e) par des considérations morales

15 Vous vous mettez à négocier sur des points annexes lorsque vous souhaitez détourner l'attention de vos interlocuteurs

16 Lorsqu'une négociation est bloquée, vous donnez le maximum d'informations pour la faire avancer ☐

17 Même si vous n'êtes pas sûr(e) de leur bien-fondé, vous avancez des arguments avec assurance afin d'ébranler les convictions de vos interlocuteurs ☐

18 Vous pensez que dans l'ensemble les gens sont plutôt crédules et qu'il vous est facile de les convaincre au cours d'une négociation ☐

19 Vous ne commencez pas une négociation sans avoir réfléchi aux propositions susceptibles d'intéresser vos interlocuteurs ☐

20 Vous vous refusez à utiliser des stratagèmes au cours d'une négociation, car vous considérez que ce n'est pas honnête ☐

21 Dans une négociation, vous avez l'habitude de dire clairement ce que vous pensez ☐

22 Vous n'hésitez pas à souligner les points faibles de vos interlocuteurs afin de les mettre en position difficile ☐

23 Au cours d'une négociation, vous augmentez systématiquement vos exigences afin d'obtenir des autres le maximum ☐

24 Vous pensez que les gens ne sont généralement pas dupes quand on ne leur dit pas la vérité ☐

LE JEU-TEST : LES RÉSULTATS

Votre caractère

Reportez les réponses obtenues sur ce tableau. Par exemple, si vous avez coché la case N° 1, entourez les scores situés dans les colonnes Manipulateur (M) et Naïf (N). Puis faites les totaux par colonne.

Questions	Lucide (L)	Manip. (M)	Naïf (N)	Honnête (H)
1		1	1	
2	1			1
3	1	1		
4			1	1
5	1	1		
6	1			1
7		1	1	
8			1	1
9	1	1		
10	1			1
11			1	1
12	1			1
13		1	1	
14	1	1		
15		1	1	
16			1	1
17	1	1		
18		1	1	
19	1			1
20			1	1
21			1	1
22	1	1		
23		1	1	
24	1			1
Totaux				

Vos tendances

Ajoutez les totaux des colonnes les uns avec les autres. Votre tendance dominante est celle qui correspond à votre total le plus élevé. Votre tendance sous-dominante est celle de votre second total le plus élevé.

Tendance	Machiavel	Joueur	Enfant de chœur	Réaliste
calcul	L+M	M+N	N+H	H+L
Totaux définitifs				

Qui êtes-vous ?

MACHIAVEL	JOUEUR
Habile, redoutable, vous considérez que tous les moyens sont bons, vous tronquez l'information et tirez les ficelles dans l'ombre. Vous êtes très motivé; pour vous, seul le résultat compte. Bien sûr, vous suscitez la méfiance.	Vous vous croyez habile mais vos revirements d'attitude sont de grossières ficelles. Bien qu'imbu de vous-même et vous estimant plus malin que les autres, vous vous prenez souvent les pieds dans le tapis.

ENFANT DE CHŒUR	REALISTE
Vous pensez que tout le monde est ausi loyal que vous. A cause de cela, vous vous laissez souvent abuser, ce qui vous fait dire que vous n'êtes pas fait pour ce monde injuste et cruel. Le danger pour vous : devenir aigri et basculer dans un cynisme désabusé.	Vous savez que bon nombre de ruses sont éculées et vous connaissez toutes les ficelles du métier. Vous savez remettre votre interlocuteur en place, vous savez aussi ne pas lui faire perdre la face. Vous êtes direct et clair. Si vous êtes aussi un peu machiavel, vous êtes le négociateur occidental type.

© Informations Entreprise

4. Maintenant vous allez essayer vos talents de vendeur sur vos compagnons. Pensez à un objet difficilement vendable du type lunettes de soleil sans verres, vin sans alcool, bicyclette sans roues, etc. Faites-vous persuasif, et trouvez les arguments qui vont faire craquer vos interlocuteurs.

5. Résumez les six règles d'or du repas d'affaires français.

LES SIX REGLES DU REPAS D'AFFAIRES

Le repas d'affaires est un moment à hauts risques. Un concurrent à la table voisine, un service exagérément nonchalant, et votre plan d'attaque peut se terminer en Waterloo.

Le rite du repas d'affaires est cependant quasi obligatoire dans la liturgie du business français. Quand Pechiney entreprend de racheter American Can, les PDG des deux entreprises finissent par se retrouver devant la nappe damassée d'un hôtel parisien.

D'aucuns expliqueront que le repas d'affaires est l'occasion d'un long rendez-vous dans un cadre sympathique, et surtout neutre. En réalité, la table n'est pas celle où l'on se nourrit, c'est celle où l'on mange l'autre. Un champ de bataille, même si, convivialité oblige, personne ne doit se sentir vaincu. Si toute négociation suppose un vendeur et un client, le but du déjeuner est de renverser la situation pour faire du client son obligé.

Cette victoire suppose la préparation réfléchie d'une stratégie qui porte non seulement sur le déroulement du repas, mais aussi sur ses préliminaires, dès le choix du lieu et de la date. Les principes qui vont suivre, synthèse d'observations recueillies auprès de chefs d'entreprise, de diplomates, d'hommes politiques, permettront d'en apprécier les nuances et d'en éviter les innombrables chausse-trapes.

□ Définir un objectif et un seul. Une fois l'adversaire ciblé, le stratège définit précisément l'objet du repas, et étudie préalablement son dossier. Au restaurant, pas de notes, pas de papiers encombrants et indiscrets, pas d'ordinateur, même portable. Le vendeur doit maîtriser son sujet. Il doit surtout se retenir de diversions inopportunes, du genre: «Je voudrais vous toucher deux mots d'une petite idée qui n'a rien à voir, mais...» C'est offrir à l'interlo-

cuteur l'occasion de prendre un avantage psychologique: il vous donnera satisfaction sur l'accessoire pour être en position de force sur la négociation principale. Le repas d'affaires a sa règle d'or: un déjeuner par négociation, une négociation par déjeuner.

□ Choisir son terrain. Le choix du restaurant, de la table, du menu doit être adapté à la nature du combat. Supposons que vous invitiez à déjeuner votre banquier. Si c'est pour lui demander de fermer les yeux sur un gros découvert, vous jouerez l'économie, sans toutefois faire miséreux. Le découvert n'est que provisoire, les affaires sont prometteuses, mais il convient de montrer que vous ne jetez pas l'argent par les fenêtres. Vous prendrez donc le menu. Si c'est pour reprocher à votre interlocuteur un certain relâchement dans la gestion de votre portefeuille, vous choisirez un restaurant un peu écarté, voire un salon privé, à l'abri d'oreilles trop proches. Rien de moins crédible qu'un avertissement solennel ou véhément quand il est prononcé à mi-voix.

Plus généralement, faut-il jouer la routine ou l'effet de surprise? L'épate ou la modestie? A chaque style d'affaire correspond un style de restaurant bien précis.

☐ Choisir son moment. Comme le choix du terrain, celui de la date revient à la puissance invitante. Ne pas utiliser ces avantages et les abandonner à la partie adverse serait d'emblée interprété comme un aveu de grande faiblesse.

Bien sûr, les emplois du temps sont trop chargés pour que quiconque puisse imposer le jour et l'heure. Certains banquiers avouent réserver dès juin leurs déjeuners de décembre. L'invitant évitera cependant de proposer trop de dates. Cela signifierait qu'il n'est pas aussi débordé qu'il veut bien le dire. Et comment pourrait-il imposer sa solution dans une négociation s'il n'arrive même pas à emporter la décision sur ce point mineur?

☐ S'assurer des alliés. Le tête-à-tête de midi est un combat de chefs, qui doit être préparé par une armée invisible. Outre les auxiliaires classiques — un service de communication compétent peut baliser utilement le terrain —, il convient d'avoir au moins l'embryon d'un service de renseignements. Une documentaliste, ou une bonne secrétaire, peut vous faire avancer très nettement dans la connaissance de l'adversaire. Par différents moyens — coups de téléphone discrets, lecture des magazines, ou simplement du *Who's Who* —, elle recueillera de précieuses informations propres, le moment venu, à flatter ou bien à déstabiliser l'interlocuteur: ses lectures favorites, son principal échec professionnel, ou le cours de Bourse des actions de son entreprise.

Non moins important, le maître d'hôtel. Par son comportement et ses interventions opportunes, il peut avoir une haute

© L'Expansion

valeur stratégique. Par exemple, en encadrant l'horaire du repas. Vous avez choisi de lancer une attaque éclair au moment du dessert, sans laisser à votre interlocuteur le temps de poser des questions oiseuses ou gênantes? A 14 h 30, le maître d'hôtel, prévenu par vos soins, viendra vous rappeler très discrètement votre rendez-vous de 14 h 45, à l'autre bout de la ville. «Cher ami, je dois vous quitter. Réfléchissez bien à ma proposition, mais rapidement. Si vous m'appelez avant 17 heures, l'affaire est à vous.»

A l'inverse, un maître d'hôtel inconnu et non prévenu peut se transformer en ennemi involontaire. A table, il donnera la place stratégique à l'adversaire. Sur la carte, plutôt que le pigeonneau aux raisins, il lui conseillera le cœur de filet aux girolles, tellement meilleur et tellement plus cher. Pour les dames, un maître d'hôtel peut se révéler particulièrement traître. Plus d'une fois l'invitante se retrouvera avec la carte sans prix, et son client avec l'addition. Effet catastrophique: rien ne pourra persuader l'invité qu'il n'a pas été attiré dans un traquenard.

☐ Eviter les agressions inutiles. Le retard est, sans aucun doute, une agression. L'invité le mieux disposé ne peut maîtriser une impression de trahison, seul devant une chaise vide.

Un régime ostentatoire peut aussi avoir un aspect agressif. Si l'invité se retrouve seul devant

sa demi-bouteille de bourgogne, il passe pour un ivrogne. S'il abandonne le confit de ses rêves pour une «grillade-salade», il maudira celui qui l'invite pour le culpabiliser.

☐ Maîtriser le déroulement des opérations. La grande question du repas d'affaires est de savoir quand aborder le sujet: au hors-d'œuvre, au plat de résistance ou au café? Les plus audacieux attaquent d'emblée, au début du repas, voire à l'apéritif. Ils déstabilisent un adversaire qui croyait avoir le temps de tâter le fer. Mais ils se privent de la mise en condition. Ils prennent surtout le risque de baisser la garde, une fois l'affaire conclue. Les plus classiques se lancent à la fin des hors-d'œuvre. Le temps d'assurer leur position et de lancer quelques opérations de reconnaissance. Enfin, attendre le dernier moment peut comporter des dangers — départ inopiné de l'adversaire, par exemple — mais aussi des avantages. Aborder le sujet, c'est se découvrir. C'est aussi avouer que l'on est pressé. «En affaires, disait Frank Čapra, le premier qui dit un chiffre a perdu.» Certains n'abordent les choses sérieuses qu'au café. «Quand on a une vision claire des positions respectives, la discussion doit être courte», explique ce directeur d'Usinor qui, en Belgique, emporta une partie capitale devant une tasse vide.

DOMINIK BAROUCH ●

XI

LA DISTRIBUTION

LES SECTEURS D'ACTIVITES

Traditionnellement les activités sont regroupées en trois secteurs:

- le secteur primaire, qui s'applique aux activités liées directement à la transformation du milieu naturel comme l'agriculture, la pêche et l'exploitation des forêts,

- le secteur secondaire, secteur de production qui inclut les activités industrielles,

- le secteur tertiaire, qui regroupe des activités disparates ayant comme point commun d'être des services et non des produits: administrations, banques, transports, commerces.

La distribution fait donc clairement partie du secteur tertiaire, située comme elle l'est entre la production et la consommation.

QUEL EST L'OBJECTIF DE LA DISTRIBUTION?

L'objectif de la distribution est de faciliter l'acheminement des marchandises du producteur au consommateur. Au sens large elle comprend tout ce qui permet la commercialisation d'un produit et recouvre des activités aussi diverses que le transport et le stockage des marchandises, la promotion qui les accompagne ou le contact avec la clientèle par l'intermédiaire des vendeurs.

LES CANAUX ET CIRCUITS DE DISTRIBUTION

Un canal de distribution* est le chemin parcouru pour transférer la marchandise du producteur au consommateur. Il est caractérisé par le nombre et le type des intermédiaires utilisés. Parfois la méthode de distribution est directe comme dans le cas de la VPC ou de la télévente.

En général cependant la chaîne est plus longue et le produit passe du producteur au grossiste au détaillant* pour atteindre enfin le client.

La Fonction de Gros

Le grossiste (ou commerçant de gros) achète en grandes quantités au producteur, stocke les marchandises et revend aux détaillants pour assurer leur approvisionnement régulier.

La fonction du grossiste ajoute au prix payé par le consommateur mais elle a l'avantage d'avoir un rôle de régulateur dans l'économie. En effet le grossiste qui doit prévoir la demande et stocker les marchandises est en mesure de livrer immédiatement au détaillant l'objet de sa commande.

La Fonction de Détail

Le détaillant achète au producteur ou au grossiste pour revendre au consommateur.

Le détaillant attend du grossiste que les marchandises soient disponibles et livrées rapidement dans la quantité et la variété qui font l'objet de la commande. Un grossiste qui ne pourra livrer que de la confiture de fraises à l'exclusion de toute autre saveur perdra vite sa clientèle.

Ces deux fonctions de base que sont le commerce de gros et le commerce de détail ont beaucoup évolué au cours des dernières années. Elles existent toujours mais les rôles des partenaires ont changé et de nouveaux facteurs comme l'apparition de centrales d'achats* ont modifié ces deux fonctions du commerce, en particulier la fonction de gros.

Un circuit de distribution est l'ensemble des canaux de distribution choisis par le fabricant pour un produit donné.

  • Exemple:
  —Une entreprise de doubles vitrages* propose ses produits par télévente et en distribuant des prospectus, auxquels vous devez répondre en donnant vos nom et adresse afin qu'un représentant vous rende visite. Elle a par ailleurs un hall d'exposition dans le centre de la ville. Ces trois activités constituent le circuit de distribution de l'entreprise pour le produit donné.

LES DIFFERENTES FORMES DE DISTRIBUTION

La Distribution Traditionnelle

Elle consistait essentiellement en marchés et magasins de détail.

Les Grands Magasins. Le milieu du dix-neuvième siècle a vu l'avènement des grands magasins avec l'ouverture du Bon Marché à Paris en 1852. Là se sont retrouvées pour la première fois sous un même toit, organisées en rayons sur plusieurs étages, toutes sortes de marchandises jusqu'alors vendues dans une multitude de magasins plus ou moins spécialisés. Autres nouveautés: tous les prix étaient affichés et l'entrée était libre. Zola a bien illustré comment ce phénomène de l'entrée libre a révolutionné les habitudes des consommateurs et surtout des consommatrices: une fois passée la porte du magasin, les tentations assaillent les clients de partout et rares sont ceux qui sortent les mains vides. A cette époque déjà on avait perçu l'importance des promotions et des opérations commerciales susceptibles d'attirer et de retenir le consommateur.

Ces grands magasins se sont vite multipliés dans les villes françaises et restent à l'heure actuelle extrêmement populaires, comme en témoignent la réputation nationale et internationale de grands magasins tels que les Galeries Lafayette ou le Printemps. Les principes ont peu changé depuis l'ouverture du Bon Marché: situés au centre-ville, ces magasins offrent toujours une grande variété de marchandises (en fait la diversification s'est accrue), l'entrée est libre, les prix sont clairement indiqués et l'accent est toujours sur la stimulation des ventes au moyen de la mise en valeur des marchandises, des rabais et des promotions de toutes sortes.

Malgré leur popularité, les grands magasins connaissent à l'heure actuelle des difficultés. Celles-ci sont causées en partie par la concurrence des grandes surfaces et en partie par les problèmes de stationnement au centre des villes.

Les Magasins Populaires. Leur ouverture a suivi celle des grands magasins avec Uniprix en 1929, puis Prisunic et Monoprix. Là encore l'entrée est libre mais la variété des marchandises est plus restreinte et la gamme plus basse que celle des grands magasins.

Les Coopératives. Les coopératives sont un mode de distribution qui s'est développé depuis la fin du dix-neuvième siècle dans le but de vendre le moins cher possible à leurs membres des produits achetés en gros.

Les Nouvelles Formes de Distribution

En dépit de ces innovations, le commerce français est resté fragmenté en petites unités multiples jusqu'au milieu du vingtième siècle. Les deux guerres mondiales ont accru l'instabilité économique, ce qui a résulté en une croissance et une concurrence relativement faibles. A partir des années cinquante la croissance* est devenue plus vigoureuse et la concurrence plus féroce au niveau national et international, favorisant le développement de maintes formes nouvelles de distribution. La plupart sont centrées sur le principe de libre-service*: le client voit les marchandises et les prix, il fait son choix sans intervention de vendeurs et paie à la sortie du magasin. Le libre-service est particulièrement adapté à la consommation de masse des pays occidentaux.

Les Supérettes. Ce sont des magasins de libre-service en alimentation et produits d'entretien. Leur surface ne dépasse pas 400 m² et ils sont en général situés dans les centres-villes.

Les Supermarchés. Ce sont aussi des magasins de vente en libre-service spécialisés dans l'alimentation et les produits d'entretien. Leur superficie est de 400 m² à 2500 m². Ils sont généralement situés en bordure des agglomérations*.

Les Hypermarchés. Exemples: Carrefour, Auchan, Mammouth.
Ce sont des magasins d'une surface supérieure à 2 500 m² où l'on vend des produits alimentaires et d'entretien ainsi que toute une gamme de produits de consommation (vêtements, chaussures, électroménager, radio-télévision, etc.). Les importants volumes de vente des hypermarchés leur permettent de vendre à faibles marges contrairement au détaillant qui, vendant à faible volume, est obligé d'opérer sur la base d'une marge bénéficiaire considérable. Les hypermarchés se fournissent dans des centrales d'achats où ils peuvent obtenir des prix particulièrement intéressants qui contribuent à les rendre très compétitifs. Les bas prix qu'ils affichent expliquent en partie leur succès grandissant.

Il faut ajouter aussi que les hypermarchés doivent être entourés d'un parking. Comme ils se situent dans la périphérie des villes à la différence des grands magasins, leurs parkings sont généreux. C'est là une autre attraction pour le consommateur, surtout lorsqu'on lui propose de l'essence moins chère à la sortie.

Les supermarchés et hypermarchés sont parfois appelés **grandes surfaces**. Quelques rares grandes surfaces sont spécialisées dans un type de produits. Ainsi la FNAC est le domaine du livre et de l'audiovisuel.

Les Centres Commerciaux. Les centres commerciaux groupent autour d'une grande surface une galerie marchande, proposant aux consommateurs les bas prix de l'hypermarché plus la variété et la qualité de boutiques réunies sous le même toit. Cette formule, à l'origine développée uniquement dans la région parisienne, se trouve maintenant dans la quasi totalité des villes françaises.

La Distribution Automatique. La distribution automatique est un autre phénomène des dernières décades. Au début elle consistait presque exclusivement en confiserie et cigarettes. Elle s'est maintenant étendue à l'alimentaire (boissons, casse-croûtes) et au non-alimentaire (chemises, articles de sport, timbres, titres de transport, services bancaires). La distribution automatique, qui est actuellement en hausse, est typique des orientations actuelles de la vente qui tendent à supprimer les intermédiaires. Elle reste néanmoins limitée par la nature des marchandises qui peuvent être vendues ainsi et par le faible volume des ventes réalisables.

La Vente par Correspondance (VPC). La vente par correspondance n'est pas un concept récent mais son essor[*] massif date des dernières années. Les 3 Suisses et La Redoute sont de puissantes organisations qui jouent sur le fait que l'acheteur prend son temps chez lui et se laisse tenter par un énorme catalogue présenté de façon attrayante. La VPC assure les besoins d'une clientèle souvent différente de celle des centres commerciaux par son âge et sa situation géographique. Pendant longtemps les produits offerts étaient de basse et moyenne gamme. La tendance récente de la VPC est de se diversifier dans les marchandises haut-de-gamme[*].

La Télévente. La télévente utilise le téléphone comme moyen d'atteindre directement le client, que ce soit pour la prise de commandes, les rendez-vous des représentants ou la relance (anciens clients n'ayant rien commandé depuis longtemps, relance des impayés).

Les Magasins d'Usine. Les magasins d'usine* offrent une nouvelle ressource au consommateur, bien qu'ils ne soient pas très répandus. Ce sont le plus souvent des magasins de vêtements qui vendent leurs produits dégriffés* à un prix nettement plus bas que chez le détaillant, la différence allant de 30% à 50%.

Le Franchisage (ou Franchising). C'est une formule inventée aux Etats Unis à la fin du siècle dernier par Singer. Elle suppose une marque et des activités connues. Le franchiseur offre une enseigne qui attirera le client, des produits distinctifs, une aide à la gestion du magasin ainsi qu'une publicité organisée pour tous les magasins du groupe. Le franchisé jouira donc à peu de frais d'avantages qu'un détaillant ordinaire ne pourrait s'offrir. En contrepartie il accepte de payer un droit d'entrée dans le groupe et un pourcentage sur ses ventes. Phildar et Pronuptia sont des exemples de franchisage.

Les Supercentrales d'Achats. Pour terminer le tour d'horizon de la distribution actuelle, il faut mentionner la création des supercentrales d'achats. Leurs noms ne sont peut-être pas familiers mais elles groupent plus de 70% du commerce alimentaire en France. Ce sont elles qui fournissent les hypermarchés. Elles illustrent particulièrement bien une tendance de la distribution moderne qui est d'aller vers une plus grande concentration des activités et des opérateurs.

L'informatique

L'informatique, qui était déjà présente dans la gestion, fait son entrée au magasin. L'introduction du code (à) barres*, si elle n'est pas toujours satisfaisante pour le client (difficulté de vérifier que le prix payé est le même que le prix marqué sur l'étagère), offre un réel gain de temps au magasin qui n'a plus besoin d'étiqueter et peut ainsi mettre ses prix à jour* sans pertes. Par ailleurs des systèmes d'informatique relient fréquemment les magasins aux banques et permettent l'utilisation de cartes de crédit. Bien que le risque de fraude n'en soit pas éliminé pour autant, le magasin est sûr que le compte débité peut couvrir les achats du client.

En dernier lieu l'influence de l'informatique s'exerce dans le domaine de la distribution française par l'intermédiaire du Minitel. La télédistribution offre en effet la possibilité de faire ses achats à distance et de passer commande à n'importe quelle heure. Le nombre croissant de magasins acceptant les commandes par Minitel reflète le développement remarquable de l'informatique dans la distribution française ces dernières années.

L'essor extraordinaire qu'a connu la distribution depuis les années 60 doit cependant avoir des limites: celles de la saturation. Expansion et diversification sont des phases presque dépassées. Face à une concurrence plus impitoyable que jamais dans un monde où les marchés s'ouvrent progressivement, les sociétés sont à la recherche des atouts qui leur permettront de réussir là où les entreprises rivales échoueront. **Le service à la clientèle*** est peut-être l'arme secrète que cherchent les sociétés qui veulent améliorer leur image de marque...et leurs ventes. Etre poli, aimable, attentif aux désirs du client et chercher à les satisfaire ira plus loin que la vente immédiate d'un produit. Elle créera de bonnes relations d'affaires avec un client qui deviendra probablement un client fidèle. Par contre un client traité de manière cavalière par un vendeur peu motivé, qui ne pense qu'à sa commission, ne reviendra pas. Le message a été si bien perçu que des entreprises spécialisées offrent des stages pour créer et améliorer le service à la clientèle.

VOCABULAIRE

canal de distribution (m) *distribution channel*
détaillant (m) *retailer*
centrale d'achat (f) *central purchasing organization*
double vitrage (m) *double glazing*
croissance (f) *growth*
libre-service (m) *self-service*
agglomération (f) *town, built-up area*
essor (m) *rapid development/expansion*
haut-de-gamme *up-market*
magasin d'usine (m) *factory shop*
dégriffé,-e *unlabelled designer (dress,etc)*
code (à) barres (m) *bar code*
à jour *up to date*
service à la clientèle *customer care*

Vocabulaire Complémentaire

grand magasin (m) *department store*

magasin à succursales (multiples) (m) *chain store*

intermédiaire (m) *middleman*

vendre au détail *to retail*

avoir la responsabilité de *to be in charge of*

surface de vente (f) *shopping area*

point de vente (m) *outlet*

rayon (m) *shelf; department*

étiquetage (m) *labelling*

caisse (f) *cash-desk, check-out*

ticket de caisse (m) *sales receipt*

conditions de crédit (f pl) *credit terms*

acompte (m) *deposit*

versements échelonnés (m pl) *instalments*

étalagiste (m/f) *window-dresser*

soldes (m pl) *clearance sale*

faire du lèche-vitrines *to go window-shopping*

vol à l'étalage (m) *shop-lifting*

chiffre de ventes (m) *sales figure*

chiffre d'affaires (m) *turnover*

> Le chiffre d'affaires (CA) représente le total des ventes effectuées pendant une période donnée. Ce chiffre est souvent utilisé comme critère de l'importance économique d'une entreprise. Il est à noter qu'il s'agit ici de total des ventes et non des bénéfices.

ACTIVITES

1. Les grandes surfaces

    —Quels sont les attraits des hypermarchés?
    —Y a-t il des avantages réels à faire ses courses dans une grande surface?
    —Quels en sont les aspects négatifs?

2. La VPC

    —A quel genre de personnes est-elle particulièrement destinée?
    —Qu'est-ce qui explique son grand développement ces dernières années?
    —Y a-t il des problèmes associés à la VPC pour le consommateur?

3. Traduisez

    a. en anglais:

        —L'étiquetage des produits est maintenant réglementé par la loi.
        —Les magasins d'usine vendent du dégriffé à des prix très compétitifs.
        —Le chiffre d'affaires a augmenté de 7% l'an dernier.
        —Un acompte suivi de versements échelonnés peut vous permettre de vous offrir l'objet de vos rêves.
        —La VPC se dirige de plus en plus vers le haut-de-gamme.

    b. en français:

        —The building of new supermarkets is closely regulated.
        —Their sales network extends as far as Africa.
        —Mail order businesses could hardly exist without computers.
        —This retailer has lost a large part of his custom to the supermarket.
        —A good many customers have delayed major purchases because of the wage freeze.

4. Débat

    —La disparition des petits magasins vous paraît-elle inévitable? souhaitable?
    —Etes-vous prêt(e) à payer un peu plus cher vos marchandises chez le détaillant pour assurer sa survie?

5. Lisez le texte suivant

TÉLÉ-ACHAT : LE GRAND AFFRONTEMENT

Un supermarché à la maison ? C'est possible grâce au « home shopping ». Une technique rodée aux Etats-Unis, qui cherche encore sa rentabilité en France

Où trouve-t-on réunis une écharpe écossaise de chez Harrod's, le rayon parfums des Galeries Lafayette, et les costumes Cerruti, proposés par Rinascento, le grand magasin italien ? Réponse : à Chicago. Les habitants du centre-ville allument leur téléviseur, pianotent sur leur appareil téléphonique et se connectent ainsi à Teleaction, premier centre commercial mondial. Les plus grandes enseignes proposent, à la fois, des produits typiques et adaptés au goût américain. On change d'écran comme on tourne les pages d'un catalogue. Et un coup de zoom pour juger la qualité d'un tissu. A l'origine de cette nouvelle forme de télé-achat : J. C. Penney, troisième distributeur américain. 120 000 personnes reçoivent actuellement Teleaction. 7 millions de téléspectateurs auront, d'ici à quelques mois, accès à ce réseau. A terme, la chaîne devrait couvrir l'ensemble du pays.

En participant à cette opération, les Galeries Lafayette espèrent retrouver une partie de la clientèle américaine perdue à la suite des attentats de l'automne 1986. La baisse du dollar n'ayant pas arrangé les choses. Le magasin du boulevard Haussmann a également procédé, en novembre dernier à New York, à la vente à distance de fourrures synthétiques, avec la collaboration d'AT & T. *Pour nous implanter outre-Atlantique, nous préférons investir dans l'électronique plutôt que dans des murs »*, explique Philippe Lemoine, responsable des nouvelles technologies du groupe.

Après les Etats-Unis, le Japon. Début septembre, Auchan, grâce au satellite, pénètre un des marchés les plus fermés du monde. Le distributeur français culbute les barrières douanières, abolit les distances et vend ses produits sur la Chaîne 8 contrôlée par Fuji, pendant deux heures d'antenne. En promotion : un premier cru de haut-brion (à 1 300 francs la bouteille), de la lingerie de luxe et un château, style Louis XIII, pour la bagatelle de 10 millions de francs. Bref, des articles qui dénotent l'image ô combien moderniste de la France au pays du Soleil-Levant. Fuji Television renouvellera l'ex-

périence le 3 mars, bien qu'à Auchan on ne cache pas sa déception : *Les Japonais considèrent la France comme un musée. Nous voulons promouvoir notre image là-bas. Les coups ne nous intéressent pas »*, se plaint Hubert de Pimodan, directeur de l'exportation.

Le stock planétaire devient réalité. La France, elle aussi, risque de se voir envahir demain par les distributeurs britanniques, luxembourgeois, ou ouest-allemands, grâce à des émissions de télé-achat retransmises par satellite. Car Sky Channel, Astra, toutes ces chaînes européennes possèdent, dès à présent, leurs programmes de ventes à distance.

D'où le caractère quelque peu dépassé des débats entre la CNCL et TF 1, à propos du « Magazine de l'objet » de Pierre Bellemare. D'autant que ce type d'émission ne risque pas de s'étendre sur les chaînes nationales hertziennes. Le télé-achat revient cher. Aux coûts de production — plateau, caméras, techniciens — s'ajoutent les frais de gestion — achat, stockage, réception des appels, service après-vente... — qui sont très lourds. *Nous dépensons, en moyenne, 50 francs par commande, or le prix moyen de chaque objet est de 300 francs »*, explique Alain Brun, directeur du développement de Sysmark, une société de marketing direct qui assure le support logistique de l'émission de Pierre Bellemare. Le télévendeur ne peut pas prendre de marges importantes, s'il veut concurrencer les grandes surfaces. Il pourrait se rattraper sur la quantité en allongeant le temps d'antenne et en se programmant sur une tranche horaire de grande audience. Il gagnerait, sans doute, des clients, mais perdrait des téléspectateurs.

Cyrille du Peloux, secrétaire général de TF 1, reconnaît que le « Magazine de l'objet » fait un taux d'écoute plus faible que celui enregistré à la même heure par la chaîne. Entre 1,5 et 1,8 %, contre 2,5 % habituellement. Pis, le télé-achat se heurte à une limite physique. Tous les matins, 10 000 personnes cherchent à appeler TF 1. La plupart en vain. Seuls 3 000 appels parviennent au standard de l'émission. Les réseaux PTT sont saturés. Les téléphonistes (110 au total !) ne suffisent pas. Restent les problèmes de livraison. Les clients de « la Boutique » de Canal-Plus doivent attendre trois semaines, en moyenne, avant de recevoir leurs colis. A cause de ces délais, la chaîne a, d'ailleurs, dû suspendre l'émission jusqu'au 25 janvier. « *D'ici là, on va réduire de moitié le temps de traitement qui freinait l'expédition des articles* », assure Christian Marchandise, PDG de Télémarket, numéro un de la vente à distance et partenaire de Canal-Plus. Rentabilité ou audience ? Tel est le cruel dilemme du télé-achat.

« *Les chaînes nationales n'ont pas vocation à faire du* home shopping. » Pour Antoine Lefebure, de la société de conseil audiovisuel Pons Monnot Associés, il ne peut s'agir que d'une expérience. « *En attendant le câble.* » Aux Etats-Unis, le télé-achat prolifère sur les réseaux à péage — Home Shopping Network, Cable Value Network... — mais reste inexistant sur les grandes chaînes nationales.

Pourtant Antoine Lefebure travaille actuellement sur un projet de vente télévisée sur la Cinq. M 6, également, va lancer d'ici à deux mois une émission de *home shopping*. Sans doute en collaboration avec la Lyonnaise des Eaux, qui participe déjà à l'opération TF 1. Tous visent le même objectif : acquérir un savoir-faire exploitable, ensuite, sur des réseaux locaux. « *Une chaîne urbaine comme la nôtre pourrait travailler avec Paris-Câble* », reconnaît Nicolas de Tavernost, président-directeur adjoint de M 6. La Société française de Télévision, prestataire de « la Boutique » de Canal-Plus, a prévu un canal de télé-achat dans son projet de télévision locale à Toulouse. Le câble, longtemps retardé pour des raisons financières, pourrait ainsi décoller grâce à la vente à distance. ∎

CHRISTOPHE BOLTANSKI

—Décrivez le mode d'opération du télé-achat.

—D'où vient cette nouvelle technique de vente?

—Quel marché vise le distributeur français Auchan?

—Pensez-vous que ce soit là un marché d'avenir? Pourquoi?

XII

IMPORT-EXPORT

EXPORTER

Avec la concurrence à l'intérieur de l'Europe et l'ouverture des marchés mondiaux (les pays de l'Est en particulier), l'exportation est devenue plus qu'un accessoire à un commerce bien établi. Elle est devenue presque une nécessité pour qui veut survivre et faire prospérer son entreprise. Si elle suggère par certains côtés de vastes marchés et des bénéfices fabuleux, l'exportation doit aussi être considérée avec la même circonspection qu'un champ de mines. Elle ne s'improvise pas et suppose maintes opérations ainsi qu'un patient travail de préparation.

Tout d'abord il faut choisir ses marchés et trouver des **débouchés**[*]. Les services de marketing et publicité devront faire connaître vos produits de la manière la plus appropriée au pays visé. Les connaissances linguistiques et sociologiques sont ici d'une importance cruciale. C'est un des lieux communs du marketing de dire que la vente doit passer d'abord par la compréhension du client, de ses besoins et de ses comportements, qui sont conditionnés par ses habitudes. Traverser la Manche est une affaire de quelques minutes mais malheur à l'industriel britannique qui tenterait de traiter les problèmes de l'exportation en abordant ses futurs clients français dans sa propre langue, comme s'ils étaient ses compatriotes! Si c'est le cas pour un pays si proche, ce l'est à plus forte raison pour des pays éloignés aux cultures totalement différentes. Ceci explique probablement en partie l'échec de l'implantation occidentale au Japon. Exporter implique par ailleurs une connaissance solide de la législation du pays où l'on envisage d'exporter et de ses réglementations douanières. Enfin des problèmes d'ordre pratique doivent être résolus comme la question des transports, des assurances et des paiements. Bien que tous ces problèmes puissent être réglés par des **transitaires**[*], le contact direct est, dans la mesure du possible, préférable et moins onéreux.

LE SERVICE IMPORT-EXPORT DANS L'ENTREPRISE

Il est indispensable d'avoir un service import-export bien organisé qui s'occupe de toutes les questions relatives à l'exportation. En fait il s'agit des fonctions habituelles de l'entreprise mais orientées spécifiquement vers le commerce international. Elles devront couvrir:

- La prospection et l'étude des marchés
- Les voyages d'affaires à l'étranger
- Les normes du pays où l'on veut exporter
- La documentation et les contrats en plusieurs langues
- Les commandes et leur suivi
- Les emballages
- Le transport et les assurances
- Les paiements internationaux
- Le service après-vente
- Les questions de contentieux et les autorités juridiques compétentes à l'étranger
- Le recrutement du personnel (agents, etc)

et, bien sûr, la langue et la culture du pays où l'on veut exporter, nécessaires dès les premiers contacts.

LA GESTION DES COMMANDES

Que les commandes soient passées par lettres pour de petites quantités ou qu'elles fassent l'objet de contrats étant donné leur importance, un certain nombre de points doivent y figurer sous peine de différends* pouvant mener à des litiges coûteux.

Les contrats doivent comporter la date, le nom, l'adresse du vendeur et de l'acheteur et être signés par les parties contractantes. Les éléments de la négociation se retrouveront dans les clauses qui porteront sur les points suivants:

- La définition exacte du produit (qualité)

- La quantité

- Le prix à l'unité et les remises ou prix dégressifs éventuels

- Le mode et les conditions de paiement

- Le choix de l'Incoterm

- La caution bancaire*

- Le mode de transport

- L'emballage et le marquage*

- L'assurance

- Le délai de livraison et les délais d'exécution (dates des différentes livraisons et ce qu'elles comprennent). Un délai de tolérance est souvent accordé allant d'une à deux semaines pour des retards d'ordre technique.

- Les pénalités éventuelles de retard

- La garantie

- La maintenance et le service après-vente dans les cas appropriés (assurés soit par un technicien de l'entreprise soit par des techniciens agréés du pays acheteur).

- Le choix de la loi applicable en cas de litige (loi du pays de l'acheteur ou du vendeur, Chambre de Commerce Internationale).

- La langue choisie si le contrat n'est rédigé que dans une langue. Même s'il est traduit, **un** texte sera le point de référence en cas de litige.

Un des éléments cruciaux du contrat est le prix de vente des marchandises. Il dépend des conditions qui ont été négociées entre vendeur et acheteur: par exemple sur le point précis jusqu'où sera transporté le chargement, qui sera responsable de la manutention ou qui paiera l'assurance. Le prix unitaire de la marchandise sera évidemment plus élevé si le producteur s'engage à la transporter à ses frais jusqu'à l'entrepôt de l'acheteur que s'il la vend au prix 'usine'. Afin d'éviter les imprécisions, confusions et erreurs d'interprétation, la Chambre de Commerce Internationale a établi les **Incoterms** qui définissent clairement à qui incombent les frais et les risques à tout moment donné. Ces Incoterms ont toutefois un caractère facultatif[*]. Certains Incoterms sont communs à tous les modes de transport, d'autres sont spécifiquement maritimes ou terrestres.

On distingue les ventes dites **à l'arrivée**, dans lesquelles la marchandise voyage sur le transport principal aux risques du vendeur, et les ventes dites **au départ** dans lesquelles la marchandise voyage sur le transport principal aux risques de l'acheteur.

SIGLES	ANGLAIS	FRANÇAIS
EXW	Ex works	A l'usine…
FCA	Free Carrier	Franco point transporteur point désigné
FAS	Free along the ship	Franco le long du navire
FOB	Free on board	Franco bord
CFR	Cost and freight	Coût et fret port convenu
CIF	Cost, insurance, freight	Coût, assurance, frêt, port convenu
CPI	Carriage paid to	Frêt ou port payé jusqu'à…
CIP	Freight or carriage and insurance paid to	Frêt ou port payé assurance comprise jusqu'à…
DAF	Delivered at frontier	Rendu frontière
DEX	Delivered ex ship	Port de destination convenu
DEQ	Delivered ex quay	Dédouané port convenu
DDU	Delivered duty unpaid	Rendu droits non acquittés
DDP	Delivered duty paid	Rendu droits acquittés

Incoterms les Plus Fréquemment Utilisés

• NOTE 1:
—Après chaque Incoterm doit être précisé le point géographique où les frais et risques sont transférés du vendeur à l'acheteur.

   • Exemple:
   —FOB Marseille.

• NOTE 2:
—Pour éviter les malentendus[*] dans les transports maritimes, les risques et frais passent à la charge du destinataire (l'acheteur) au moment où la marchandise franchit le bastingage[*].

• NOTE 3:
—FOB, CFR, CIF sont les plus communs des Incoterms. CFR et CIF ont pour différence l'assurance: le prix CIF est majoré de 10% sur le prix CFR pour couvrir les frais d'assurance.

TRANSPORTS ET DOUANES

Les Transports

Les colis* de faible volume peuvent être envoyés par la poste qui délivrera un bulletin d'expédition. S'ils sont trop volumineux ils devront être expédiés par voie de terre (route ou chemin de fer), par voie d'eau ou par air.

Transports par Route. Ils s'effectuent par camions, camions-citernes*, semi-remorques*, camions frigorifiques* et camions-containers. Ces camions peuvent être la propriété de l'entreprise ou appartenir à des entreprises de messageries*. S'il y a contrat, ce dernier s'appelle une lettre de voiture. Pour les transports à l'intérieur de la Communauté Européenne, il faut se munir d'une feuille de route CEE.

L'avantage des transports routiers est la souplesse du système: diverses tailles de camions peuvent emprunter routes et autoroutes d'un réseau étendu, permettant ainsi un service porte à porte sans nécessiter de passage à un autre mode de transport.

Transports par Chemin de Fer. Les grosses expéditions font l'objet de transport par trains de marchandises (wagons ordinaires, wagons frigorifiques, wagons-containers). Le chemin de fer est approprié aux longues distances et aux chargements lourds. A l'arrivée il y a cependant souvent besoin de transférer les marchandises à un autre moyen de transport pour les acheminer à leur destination.

Le document délivré pour les transports internationaux est une lettre de voiture.

Le transport des colis par chemin de fer est assuré par le Service National des Messageries (SERNAM) qui est rattaché à la SNCF.

Le coût du transport peut être réglé par l'expéditeur, auquel cas l'envoi est en 'Port Payé'; il peut être payable par le destinataire et être un envoi en 'Port Dû'.

Transports par Voie d'Eau.

- Le transport par canaux et fleuves s'effectue par péniches*. C'est un moyen de transport lent mais relativement peu onéreux et bien adapté à des matières lourdes que l'on transporte en grandes quantités (charbon, sable). Une lettre de voiture accompagne ces transports.

- Le transport par mer s'effectue par cargos qui ne transportent que des marchandises, ou par paquebots mixtes qui prennent marchandises et passagers. Pour les denrées périssables* (poissons, fruits) on utilise des bateaux frigorifiques. Les navires porte-conteneurs sont de plus en plus communs car la manutention est simplifiée et standardisée. Quant au pétrole il est transporté par des pétroliers géants.

Les documents nécessaires sont le bordereau d'expédition* et fréquemment le connaissement* maritime (voir ci-dessous).

Transports par Air. Ils se font par avions assurant les lignes régulières de passagers, par vols charters ou par avions-cargos. Le document approprié est une lettre de transport aérien faite à plusieurs exemplaires.
Les transports aériens sont rapides mais coûteux. Ils s'appliquent particulièrement à des marchandises dont la valeur justifie un port élevé, à des marchandises légères et de faible volume, à des denrées périssables et à tout ce qui nécessite un transport très rapide comme les produits pharmaceutiques, les journaux et le courrier. Malgré ses avantages l'avion nécessite un moyen de transport complémentaire à l'arrivée.

Le choix du transport pour un envoi donné doit se faire en tenant compte de divers critères: la vitesse, la dimension et le poids du chargement, la nature de ce chargement (primeurs*, animaux, marchandises précieuses), le prix du transport, sa sûreté et les particularités de l'espace à franchir: nature géographique (montagnes, désert), climat politique rendant les routes peu sûres, etc.

La complexité des formalités de transport international rend souvent appréciables les services d'intermédiaires spécialisés appelés transitaires. Ils peuvent coordonner les différents modes de transport, se charger de la documentation nécessaire et prendre également en charge les formalités douanières.

Les Documents

La Facture Commerciale

C'est le document de base indispensable. La facture porte la description des marchandises et les conditions de vente (FOB, CIF, etc).

Les Documents d'Expédition.

- Poste: bulletin d'expédition
- Transport routier: lettre de voiture; feuille de route CEE
- Transport ferroviaire: lettre de voiture
- Transport maritime: bordereau d'expédition; connaissement maritime
- Transport aérien: lettre de transport aérien

Le connaissement: C'est un titre de transport par lequel la compagnie maritime s'engage à mener les marchandises dans un port nommé suivant les conditions générales de navigation ou selon les clauses d'une charte-partie (voir ci-dessous). Le connaissement est un titre de propriété des marchandises. Toute personne en possession légale d'un connaissement a un droit sur la marchandise. Le connaissement est par ailleurs transmissible et peut être endossé[*] au profit d'un tiers.

Une charte-partie est un contrat de transport par lequel les propriétaires d'un navire louent celui-ci à une autre personne pour une durée déterminée. La charte-partie indique le type de cargaison, la destination et le prix du transport.

Tous ces documents sont des sortes de contrat entre l'expéditeur et le transporteur. Ils indiquent la nature des marchandises, le nombre et le poids des colis. Ils forment la preuve de la prise en charge des marchandises et, s'il n'y a pas de réserves, de leur état. Ils attestent l'expédition de la marchandise par la compagnie de transport.

Les Documents d'Assurance. Une police d'assurance est un contrat par lequel l'assureur s'engage à indemniser l'assuré en cas d'accident, par exemple, pendant une période déterminée.

Vous pouvez assurer votre marchandise contre les accidents, la perte, le vol, le feu, les dégâts des eaux et autres risques spécifiés.

Le choix de l'Incoterm précisera les responsabilités et risques pris en charge par les différentes parties. Ainsi pour un envoi FOB l'assurance pour le transport incombera au destinataire. Dans le cas d'un contrat CIF c'est l'expéditeur (le vendeur) qui se chargera des frais d'assurance.

Autres Documents. Selon les pays importateurs et d'après le type de marchandises importées, d'autres documents peuvent être requis. Parmi ceux-ci les plus fréquents sont:

Le certificat d'origine.
> Il certifie l'origine des marchandises et peut être délivré par la Chambre de Commerce ou par le Bureau des Douanes.

La facture consulaire.
> C'est une facture d'expédition portant le sceau des autorités consulaires du pays importateur dans le pays d'exportation et certifiant l'origine des marchandises. Ce document, comme le certificat d'origine qu'il peut compléter ou remplacer, est destiné à faciliter les opérations de dédouanement.

Les certificats d'inspection délivrés par les services du pays exportateur.

Les certificats vétérinaires également délivrés par les services du pays exportateur.

La Douane

La douane est l'administration chargée du contrôle des marchandises à l'entrée ou la sortie d'un pays. Elle peut percevoir certains droits sur ces marchandises.

Toutes les marchandises doivent être présentées à la douane et déclarées dans les cas appropriés. Les douaniers peuvent vérifier que les marchandises transportées sont conformes aux déclarations.

Les droits de douane sont en général calculés ad valorem, c'est-à-dire qu'on prélève un pourcentage basé sur la valeur des marchandises.

Certaines marchandises font l'objet d'une licence d'exportation ou d'importation, qui est une autorisation spéciale délivrée par les autorités compétentes (objets d'art). D'autres sont totalement interdites par la plupart des pays (drogues, armes à feu).

Les marchandises en **transit** bénéficient d'un régime spécial. Si elles transitent par la France sans y être commercialisées, le régime douanier applicable sera le Transit National. Pour le transit international avec des pays ayant ratifié la convention TIR, le régime de Transit International par Route sera appliqué. Il a l'avantage de permettre le transit dans divers pays avec un document unique.

Les Services des Douanes sont habilités à faire payer la TVA sur des articles à l'importation, qui n'y ont pas encore été soumis. Les marchandises destinées à l'exportation peuvent être vendues hors taxe, c'est-à-dire que la TVA n'est pas appliquée.

VOCABULAIRE

débouché (m) *outlet*
transitaire (m) *forwarding agent, transport agent*
différend (m) *disagreement, controversy*
caution bancaire (f) *bank guarantee*
marquage (m) *marking*
facultatif *optional*
malentendu (m) *misunderstanding*
bastingage (m) *(ship's) rail*

colis (m) *parcel*
camion-citerne (m) *tanker*
semi-remorque (m) *articulated truck*
camion frigorifique (m) *refrigerated truck*
entreprise de messageries (f) *carriers*
péniche (f) *barge*
périssable *perishable*
bordereau d'expédition (m) *dispatch note, consignment note*
connaissement (m) *bill of lading*

primeurs (f pl) *early fruit and vegetables*
endosser *to endorse*

Vocabulaire Complémentaire

envoi (m) *consignment*
chargement (m) *consignment*
fret (m) *freight*
affréter *to charter*
transporteur (m) *carrier*
importateur (m) *importer*
exportateur (m) *exporter*
droits de douane (m pl) *customs duties*
dédouaner *to clear through customs*
dédouané,-e *duty-paid*
en franchise *duty-free*
exempt de droit *duty-free*
magasin hors taxe (m) *duty-free shop*

ACTIVITES

1. Sujet de discussion

    Quelles sont les clés du succès à l'exportation?

2. Les Transports

    Vous devez donner des consignes d'expédition pour les marchandises suivantes. Quel moyen de transport allez-vous choisir et pour quelles raisons?

MARCHANDISES	ORIGINE et DESTINATION
Appareils photo (50)	Japon → Angleterre
Laine (grandes quantités)	Amérique du Sud → Angleterre
Agneau surgelé (grandes quantités)	Nouvelle-Zélande → Angleterre
Chemisiers soie (100)	Hong-Kong → Edimbourg
Charbon (grandes quantités)	Australie → Angleterre
Montres de luxe (30)	Genève → Londres
Bicyclettes (20)	Angleterre → Allemagne
Encyclopédies (100)	Londres → Paris
Confiserie (grandes quantités)	Angleterre → Moyen-Orient
Orchidées (10 paniers)	Thaïlande → Angleterre

3. Les Incoterms

   a. Vous exportez des tuyaux en Afrique. Le contrat indique FAS Le Havre. Est-ce à vous de choisir la Compagnie maritime?

   b. Vous vendez des machines à une entreprise française qui vous a chargé de tout jusqu'à la livraison. Quel Incoterm choisir?

   c. Vous achetez du matériel informatique au Japon et vous décidez de vous occuper vous-même du transport et de l'assurance. Quel Incoterm choisir?

   d. Vous avez conclu un contrat CFR Alger. Vous incombe-t-il de payer les frais de déchargement?

   e. Dans le cas d'une vente FOB Marseille, une des caisses est tombée à l'eau pendant le chargement sur le bateau. Elle est repêchée mais les marchandises sont endommagées. A qui incombe la responsabilité?

4. Vous voulez importer des tapis de Turquie. Quels documents devront être fournis pour le dédouanement?

5.   Lisez le texte suivant

COMMERCE EXTERIEUR

Cinq mesures pour l'export

Aucun responsable export ne peut ignorer les nouvelles facilités pour se lancer à l'étranger.

Le nouveau plan de soutien aux exportateurs vient d'entrer en vigueur. Il n'est sans doute pas spectaculaire, mais il a l'avantage d'être bien ciblé : il est destiné essentiellement aux PME-PMI.

1- Assurance prospection simplifiée

L'assurance prospection simplifiée (APS), gérée par la Coface, couvre les PME-PMI contre le risque d'échec d'une prospection commerciale à l'étranger. Seules les entreprises dont le chiffre d'affaires est inférieur à 300 millions de francs bénéficient de cette procédure, et leur budget annuel de prospection ne doit pas excéder un million de francs. Pendant la période dite « de garantie », l'entreprise reçoit une indemnité qui couvre une partie de ses dépenses de prospection, entre 50% et 75%; cette «quotité garantie» (qui ne sera pas remboursable si l'entreprise n'est pas parvenue à obtenir des ventes) est portée de 60% à 75%.

En outre, la Coface garantira, en plus des salaires et des frais d'expatriation des cadres export, les frais de recrutement et de formation. Autre amélioration : une entreprise ne pouvait bénéficier d'une deuxième garantie APS qu'un délai de deux ans; ce délai est ramené à un an. Troisième changement : l'APS était

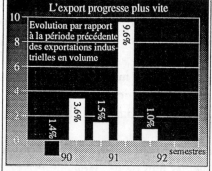

L'export progresse plus vite

Evolution par rapport à la période précédente des exportations industrielles en volume

9,6%
3,6%
1,4%
1,5%
1,0%

90   91   92 semestres

réservée aux PME-PMI indépendantes de grands groupes; à l'avenir, les entreprises détenues majoritairement par plusieurs sociétés de capital-risque pourront également en bénéficier.

Par ailleurs, les formalités sont simplifiées pour se couvrir contre les risques politiques à l'export (guerre, expropriation...). La Coface se chargera de l'assurance sur les crédits engagés et en même temps sur l'investissement réalisé à l'étranger.

2- Investissements à l'étranger: régime élargi

Tous les exportateurs connaissent bien l'article 39 octiès du Code général des impôts, qui leur permet de provisionner en franchise d'impôt tout ou partie des fonds propres transfé-

rés à l'étranger, pour constituer le capital de leurs filiales ou pour racheter des entreprises.

Ce régime fiscal est élargi de deux façons. Tout d'abord, pour les implantations commerciales dans les pays hors CEE : l'article 39 oct. ne se limite plus à la première implantation commerciale. Seconde amélioration : dans le secteur des services, le régime fiscal qui était restreint aux services après-vente sera étendu à tout investissement réalisé dans le secteur des services non financiers (création d'un bureau commercial par exemple).

3- Davantage de postes pour le service national en entreprise !

Actuellement, deux mille deux cents jeunes Français effec-

tuent leur service national comme VSNE (Volontaires pour le service national en entreprise), assurant des emplois commerciaux, financiers ou autres, dans les filiales d'entreprises à l'étranger. Ils reçoivent une indemnité mensuelle payée par l'entreprise, selon un barème variable selon les pays. Sept cent cinquante postes de VSNE supplémentaires sont créés en 1992 et ils seront affectés en priorité à des entreprises de moins de 3 milliards de chiffre d'affaires.

4- Utilisation accrue des Sociétés de commerce international

Les SCI qui jouent un rôle essentiel au Japon sont sous-utilisées en France : les exportateurs qui recourront à leurs services pourront inclure les honoraires versés aux SCI dans les dépenses relatives à l'assurance-prospection.

5- Des «parrains» pour le commerce extérieur

Les mille six cents «conseillers du commerce extérieur» qui résident en France sont tous des hommes d'affaires expérimentés dans le commerce international. Nommés pour trois ans par les Pouvoirs publics, ils jouent un rôle d'intermédiaire avec l'administration. Chacun d'entre eux est invité à «parrainer» une PME, autrement dit à lui fournir une assistance suivie et spécifique. ∎

L'international en plein essor

Malgré les ratés de la reprise américaine, le commerce international reste dynamique pour les entreprises françaises. En 1991, leurs exportations ont progressé de 5% à 6% en volume. Soit cinq fois plus vite que les ventes sur le marché français.

Les PMI prennent-elles du poids à l'export ?

Le quart des exportations françaises est réalisé par des PME (19 000 entreprises de moins de 100 salariés et 4 000 de moins de 500 salariés). Le Moci (le Moniteur du commerce international) a dénombré 1 111 PMI qui effectuent plus de 50% de leur chiffre d'affaires à l'export.

La chasse à la contrefaçon

Les entreprises dépensent beaucoup d'argent pour concevoir leurs marques mais pas assez pour les défendre. Selon le ministère des Finances, la contrefaçon fait perdre environ 100 000 emplois en Europe et 30 000 sur le seul territoire français.

© Informations Entreprise

—Faites un résumé des points essentiels de ce texte.
—Expliquez pourquoi la contrefaçon fait perdre tant d'emplois.

XIII

BANQUES ET PAIEMENTS

LA BANQUE

Les banques sont des établissements dont la raison d'être est le commerce des capitaux. Essentiellement elles utilisent des fonds provenant du public et les emploient dans leur intérêt propre en réalisant des opérations de crédit ou d'investissement. En échange elles facilitent la circulation de capitaux entre particuliers ou entreprises et offrent des services de plus en plus variés et personnalisés pour répondre à une situation de concurrence.

Les banques peuvent avoir différentes fonctions selon qu'elles appartiennent à un type d'établissement ou un autre. Il faut noter cependant que les distinctions entre différents types de banques, dues à une législation ancienne, deviennent de plus en plus vagues avec la diversification croissante du rôle des banques.

Les Banques Centrales

Elles ont une fonction internationale. En France la banque centrale est la Banque de France.

- Elles sont les seules qui soient autorisées à émettre des billets de banque.

- Elles mettent en application la politique monétaire du pays et fixent le taux d'escompte*.

- Les banques centrales ont la garde des réserves d'or du pays.

- Elles règlent l'entrée des capitaux dans le pays ainsi que leur sortie.

- Elles veillent sur le volume de crédit disponible à l'intérieur du pays.

- Les banques centrales servent de banquiers aux gouvernements qui peuvent leur emprunter de l'argent.

- Les banques centrales servent de banques aux banques elles-mêmes. Elles y déposent leurs réserves qui peuvent être utilisées dans le règlement de transactions entre banques. Une banque centrale peut également avancer de l'argent aux banques ayant besoin de disponibilités*.

Les Banques de Dépôt et de Crédit

Ce sont les banques où les individus et les entreprises peuvent déposer leur argent en espèces* ou sous forme de chèques dans des **comptes courants***. Le détenteur* d'un tel compte peut retirer cet argent à tout moment par chèque à son ordre, ou le virer* à une autre personne. Son compte est débité et le solde* indiquera la somme qui restera à la disposition du détenteur de compte. On peut également avoir des **comptes de dépôt*** qui ne permettent pas d'utiliser des chèques comme paiements directs mais qui ont l'avantage de rapporter un intérêt.

Les particuliers peuvent parfois disposer de coffres-forts* à la banque, où ils peuvent déposer leur argent, titres, bijoux et autres objets de valeur.

Les banques offrent des possibilités de crédit aux particuliers. Entre autres il est fréquent en France d'avoir des prêts* bancaires immobiliers, autrement dit d'acheter sa maison par l'intermédiaire d'une banque qui, contre des garanties, prêtera l'argent à un certain taux d'intérêt*. Ces banques prêtent également sur garantie aux entreprises sans participer pour cela à leur gestion.

Les capitaux provenant de l'épargne* des déposants sont généralement investis à court terme par ces banques.

Les Banques d'Affaires

Ces banques s'occupent essentiellement des titres* et valeurs* (voir ci-dessous). Elles investissent leurs propres capitaux ou ceux qui ont été déposés par des particuliers dans des opérations de Bourse à long terme. Leur travail consiste à transmettre les ordres de Bourse des clients aux agents de change*. Elles font fréquemment le commerce des monnaies étrangères.

Les banques d'affaires (Paribas, Suez, etc) jouent un rôle crucial dans la gestion des entreprises. Très peu d'entreprises jouissent en effet de capitaux suffisants à leur autofinancement* et doivent recourir aux banques d'affaires qui offrent un financement à long terme et prennent en échange des participations* dans les entreprises.

De plus en plus fréquemment la même banque peut remplir la triple fonction de banque de dépôt, de crédit et d'affaires. Aux activités décrites ci-dessus elles ajoutent l'émission de chèques de voyage et la délivrance de devises* étrangères, diverses formes de paiement (traites bancaires*, versements réguliers, etc), le rôle de conseil dans le financement des entreprises ainsi que dans le commerce extérieur. Elles peuvent également agir en tant qu'exécuteur testamentaire* pour leurs clients.

L'activité essentielle des banques reste néanmoins le crédit. Lorsqu'un prêt est accordé, le bénéficiaire doit rembourser non seulement le montant du prêt mais l'intérêt fixe qui est le revenu de la banque pour ce service. Le leasing est une autre forme de prêt souvent utilisée pour le financement des voitures. A la différence du crédit traditionnel, le souscripteur ne deviendra propriétaire de l'objet que lorsqu'il aura réglé tous les versements remboursant le prêt. Il s'agit en somme d'une location-vente.

Les Banques Françaises

La Banque de France (banque centrale) représente avec le Crédit Lyonnais, la Société Générale et la Banque Nationale de Paris le groupe des banques nationalisées. D'autres banques appartiennent au secteur semi-privé (Crédit Agricole, Crédit Foncier, Crédit National, etc) ou sont totalement privées. Quel que soit leur statut, elles sont toutes contrôlées par le Conseil National du Crédit dirigé par la Banque de France.

LA BOURSE

La Bourse est un marché contrôlé par le gouvernement, où l'on achète et vend des valeurs financières et certaines marchandises. On y fixe également le cours du change*, des marchandises, des assurances, etc.

Les valeurs mobilières (ou titres) sont des documents négociables et transmissibles comme les actions, les obligations*, etc.

Les actions sont des titres de propriété qui correspondent à une partie du capital d'une société. Si elles sont cotées* en Bourse, leur valeur fluctue en fonction de l'offre et de la demande. Cette valeur dépend de toutes façons de la santé de l'entreprise. Les actions rapportent aux actionnaires des dividendes et leur donnent un droit de participation à la gestion de la société par les Assemblées Générales (voir Chapitre IV).

La cotation en Bourse est la fixation du cours d'une valeur à une date donnée. Elle suit la loi de l'offre et de la demande. Toutes les actions ne sont pas cotées en Bourse. Seules le sont celles des sociétés les plus importantes et les plus connues.

Les obligations sont des titres émis par une société ou par l'Etat pour se procurer des fonds à moyen et long terme. Leur taux d'intérêt est fixé et garanti, à la différence des actions.

L'agent de change joue le rôle d'intermédiaire dans l'achat et la vente des valeurs à la Bourse.

LES PAIEMENTS

Il y a deux manières d'effectuer les règlements: **au comptant** ou **à terme**. Dans ce dernier cas un délai de paiement est accordé au client. C'est souvent le cas pour des achats importants. La date de paiement est clairement indiquée sur la facture. Dans la pratique, un gros paiement qui est payé au comptant bénéficie d'un escompte (généralement 2% du montant global).

Lorsqu'il s'agit de régler comptant de petites sommes, la manière traditionnelle de payer est en espèces. Les particuliers l'utilisent couramment, les entreprises presque jamais.

La poste peut agir comme une banque par l'intermédiaire des mandats[*] et des CCP (Comptes Courants Postaux).

Les Comptes Courants Postaux

Ces comptes fonctionnent pratiquement comme des comptes bancaires: l'ouverture du compte est sanctionnée par un versement d'argent et le titulaire[*] du compte reçoit un carnet de chèques avec lequel il peut régler ses dépenses. Là cependant s'arrête la similarité car les chèques eux-mêmes sont différents. Ils se composent de trois volets qui permettent soit le paiement soit le virement, un virement étant un transfert d'un compte à un autre. (Voir illustration page 202)

Sur la gauche du chèque se trouve le talon* qui fait partie du chéquier et que l'on garde pour référence. Il y a deux autres volets* que le titulaire du compte devra remplir en indiquant la somme due et le numéro du compte du bénéficiaire ainsi que le centre qui gère son compte. Les deux volets sont envoyés à votre centre CCP qui débitera votre compte et créditera celui du bénéficiaire:

1. Le centre CCP vous avisera du débit en vous envoyant un relevé de compte.
2. Il enverra au bénéficiaire le volet qui a une partie correspondance au dos de laquelle vous pouvez écrire vos références, ainsi que sa nouvelle position de compte.
3. Il gardera l'autre volet comme preuve que la transaction a été effectuée.

Cette opération s'appelle un virement postal. Elle est très commune car elle est pratique et elle a l'avantage qu'un relevé de compte vous est envoyé à chaque opération. Attention cependant: vous ne pouvez faire un virement que si vous connaissez le numéro et le centre de votre bénéficiaire. C'est la raison pour laquelle ils figurent toujours sur les en-têtes des entreprises. Dans certains cas on vous demandera d'envoyer les deux volets détachables de votre chèque à la maison de commerce où vous avez commandé de la marchandise et non au centre de CCP. La raison en est la suivante: la maison de commerce aura immédiatement la preuve de votre paiement et pourra envoyer vos marchandises sans délai. Elle se chargera elle-même d'envoyer les deux volets au centre CCP.

Tout comme les banques, les centres de CCP peuvent émettre des chèques de voyage.

Les Chèques Bancaires
Les chèques bancaires sont également fréquents pour les règlements au comptant.

Un chèque est tiré par le payeur et payable au bénéficiaire ou à son ordre. Les chèques sont normalement barrés*, ce qui veut dire qu'ils ne peuvent être touchés que par le destinataire sur son propre compte, restreignant ainsi les risques de fraude.

Un chèque sans provision* est un chèque dont le destinataire ne peut être payé car le compte du tireur n'est pas suffisamment approvisionné. Faire un chèque sans provision est considéré en France comme une fraude. (Voir texte page 204-6)

Il est à remarquer que dans les échanges internationaux l'ECU est devenu une monnaie de facturation dont l'utilisation se répand progressivement. L'avantage principal de l'ECU dans les transactions internationales est la grande stabilité dont cette monnaie fait preuve.

Les Cartes de Crédit

Bon nombre de ces cartes sont acceptées internationalement et vous permettent d'acquitter vos achats à terme dans le monde entier avec une simple signature. Votre relevé de compte vous sera envoyé par la suite avec date de règlement fixée.

Les entreprises ne se servent pas des cartes de paiement pour leurs règlements à terme. Elles ont recours à des lettres de change* (ou traites*),des traites bancaires des crédits documentaires* ou des remises documentaires.

La Lettre de Change (ou Traite)

Une lettre de change est un document par lequel le créancier, ou tireur, donne l'ordre à son débiteur, ou tiré, de payer une certaine somme à une certaine échéance (date de paiement convenue) à une troisième personne, le bénéficiaire.

Une lettre de change est normalement présentée deux fois au tiré: la première fois pour acceptation, la seconde pour paiement à l'échéance.

La non-acceptation peut entraîner des délais mais, une fois acceptée, la lettre de change est un document juridique qui facilite le recours contre le tiré s'il refuse plus tard de payer. Si l'acceptation ou le paiement sont refusés, un document appelé 'protêt' doit être établi par un huissier* constatant ce refus. On dit alors que la traite a été protestée.

L'échéance de la lettre de change peut être à vue, autrement dit payable au moment de la présentation. Ceci la rend très utile pour les règlements au comptant. L'échéance peut aussi être à un certain délai de date, ce qui est plus fréquent (exemple: 30 ou 60 jours après la date de facturation).

Une lettre de change peut être endossée au profit d'une tierce personne, la rendant ainsi d'une utilisation particulièrement souple.

La Traite Bancaire

La traite bancaire est tirée par une banque sur une autre banque ou donne l'ordre à une de ses succursales ou agents de payer sur demande une certaine somme d'argent à une personne nommée.

Le Crédit Documentaire

Le crédit documentaire est un système de paiement international basé sur la documentation accompagnant les marchandises transportées. Ces documents comprennent les factures donnant la description des marchandises, les certificats d'origine, le certificat d'assurance et, essentiellement, le connaissement. La banque de l'importateur s'engage à payer à l'exportateur par l'intermédiaire de sa banque le prix des marchandises contre la remise des documents précités.

Le crédit documentaire, souvent appelé 'crédoc', est une procédure relativement compliquée mais c'est un moyen de paiement rapide puisque la banque de l'importateur s'engage à régler les marchandises dès qu'il y a preuve qu'elles ont été expédiées. C'est aussi un moyen de paiement qui offre un maximum de sécurité.

La Remise Documentaire

Il s'agit d'une remise des documents précités par le vendeur à sa banque. Elle les transmet à la banque de l'acheteur qui les donnera à ce dernier en échange du paiement des marchandises.

Ce système offre un bon nombre de similarités avec le crédit documentaire mais la remise documentaire, moins compliquée, est aussi moins rapide et moins sûre: en effet le rôle de la banque dans le cas de la remise documentaire est seulement un rôle d'intermédiaire. Elle se charge de transmettre documents et fonds mais n'offre aucune garantie de paiement.

LA COMPTABILITE
Faire les Comptes

Le rôle de la comptabilité est de contrôler les ressources financières de l'entreprise, de calculer le montant des gains et des pertes et d'en rendre compte, tant comme mesure du succès de l'entreprise que comme preuve nécessaire pour le fisc.

Le service de comptabilité d'une entreprise s'occupe des comptes des clients et des fournisseurs. Un compte est soldé* lorsque les sommes débitées et les sommes créditées s'équilibrent.

Ce service est aussi responsable du paiement du personnel. Aux salaires de base il faut ajouter les primes et heures supplémentaires et retrancher la Sécurité Sociale, les cotisations pour la retraite et l'URSSAF (Union pour le Recouvrement des cotisations de Sécurité Sociale et des Allocations Familiales).

La synthèse des comptes de l'entreprise est présentée une fois par an dans **le bilan*** qui couvre une période de douze mois appelée **l'exercice***. Ce bilan représente la situation financière de la société à une date précise et permet d'en évaluer le résultat positif ou négatif. Le bilan suit des normes de présentation légales qui comprennent deux volets: l'actif* à gauche , le passif* à droite.

L'actif représente ce que la société possède et ce qui lui est dû. On trouvera notamment dans l'actif: les espèces, les titres négociables, les comptes clients (sommes dues), les stocks, ainsi que les biens, usines et équipements qui constituent l'actif immobilisé. De ceux-ci devront être retranchés l'amortissement*, c'est-à-dire la perte de valeur de l'équipement causée par son âge et son utilisation.

Le passif recouvre tout ce qui est dû par la société à ses fournisseurs et à son personnel, au fisc, et tous les prêts à long terme. A ceci s'ajoute le capital propre qui est le capital de l'entreprise détenu par les actionnaires sous forme d'actions. En fait le passif représente l'origine des biens qui se trouvent à l'actif.

Les Impôts et Taxes

A l'origine les personnes étaient imposées et les objets taxés. De nos jours ces deux termes sont pratiquement synonymes et l'usage seul détermine le choix du mot.

Les Impôts Directs. Ce sont les impôts prélevés directement sur le revenu du contribuable*. Ils comprennent :

- L'impôt sur le revenu* qui frappe le revenu net et est calculé d'après les déclarations annuelles des contribuables

- Les impôts locaux (taxe foncière si vous êtes propriétaire, taxe d'habitation si vous êtes locataire, taxe professionnelle pour les commerçants, enlèvement des ordures ménagères, etc)

- L'impôt sur la fortune qui taxe le patrimoine au-delà d'un certain seuil fixé par l'état

Les Impôts Indirects. Les impôts indirects sont une sorte de taxe d'achat pour certaines marchandises ou certains services.

Contrairement à la croyance populaire qui veut que l'impôt sur le revenu soit la principale ressource de l'Etat, c'est la TVA (taxe à la valeur ajoutée) qui fournit l'essentiel des rentrées pour le fisc français.

La TVA est une taxe sur la dépense. Tout produit est frappé par la TVA. Les services sont eux aussi frappés par la TVA. Le montant en est payé par le client et est normalement inclus dans le prix affiché (prix TTC).

Le taux de la TVA peut varier en France selon le produit ou service acheté.

Les Monopoles d'Etat. L'Etat français a le privilège exclusif de la fabrication ou de la vente de certaines marchandises comme les timbres, les allumettes et les tabacs, qui représentent une recette supplémentaire pour le budget.

La Faillite

Le commerçant ou l'entreprise qui se trouve en difficulté et ne peut faire face à ses échéances est tenu d'en faire une déclaration au greffe* du Tribunal de Commerce et doit 'déposer son bilan'*. Ceci veut dire qu'il doit remettre sa comptabilité au Tribunal de Commerce qui en fera la vérification.

Si les créanciers veulent bien accorder des délais de paiement, l'entreprise ou le commerçant pourra peut-être éviter le dépôt de bilan. Si celui-ci est inévitable, le tribunal prononcera le règlement judiciaire (au terme duquel le commerçant sera remis à la tête de son affaire), ou la liquidation des biens. Ni l'une ni l'autre de ces possibilités ne représente un délit, alors que la banqueroute* qui est entraînée par la cessation de paiements dans des circonstances frauduleuses est un délit* passible* de peine de prison.

VOCABULAIRE

taux d'escompte (m) *minimum lending rate*
disponibilités (f pl) *liquid assets*
espèces (f pl) *cash*
compte courant (m) *current account*
détenteur (m) *holder*
virer to *transfer*
solde (m) *balance*
compte de dépôt (m) *deposit account*
coffre-fort (m) *safe*
prêt (m) *loan*
taux d'intérêt (m) *interest rate*
épargne (f) *saving*
titres (m pl) *stocks and shares*
valeurs (f pl) *securities*
agent de change (m) *stockbroker*
autofinancement (m) *self-financing*
participation (f) *share, interest*
devises (f pl) *currency*
traite bancaire (f) *banker's draft*
exécuteur testamentaire (m) *executor*
cours du change (m) *rate of exchange*
obligation (f) *bond*
coter *to quote*

mandat (m) *postal order*
titulaire (m) *holder*

talon (m) *counterfoil, stub of cheque*
volet (m) *detachable section*
barrer un chèque *to cross a cheque*
chèque sans provision (m) *dud cheque*
lettre de change (f) *bill of exchange*
traite (f) *bill of exchange*
crédit documentaire (m) *documentary credit*
huissier (m) *bailiff*
solder un compte *to pay off an account*
bilan (m) *balance sheet*
exercice (m) *financial year*
actif (m) *assets*
passif (m) *liabilities*
amortissement (m) *depreciation*
contribuable (m) *taxpayer*
impôt sur le revenu (m) *income tax*
greffe (m) *office of the clerk of the court*
déposer son bilan *to file a petition (in bankruptcy)*
banqueroute (frauduleuse) (f) *fraudulent bankruptcy*
délit (m) *offense*
passible de *liable to*

Vocabulaire Supplémentaire

fusion (f) *merger*
haussier (m) *bull*

> Un haussier est un spéculateur qui achète avant ou pendant la hausse et espère revendre plus cher.

baissier (m) *bear*

> Un baissier est un spéculateur qui compte sur une baisse des cours et vend avant qu'ils n'aient diminué.

actions et obligations (f pl) *shares and bonds*

> Une obligation peut être émise par l'état ou par une société. C'est une sorte de prêt en retour duquel l'Etat ou la société paie un intérêt.

> Une action est une partie du capital d'une société. Elle ne rapporte pas un intérêt mais un dividende.

ACTIVITES

1. Les CCP

Pourquoi les CCP sont-ils si populaires en France? Expliquez leur fonctionnement en vous servant du document ci-dessous.

BPF 231,00

LA POSTE

21 44 06 X Rennes

N° CCP pour virement lettre centre

RENNES 2 122 03 C

MME RAMBAUD JOELLE
COLLEGE MERMOZ
24 RUE MARECHAL JUIN
49035 ANGERS CEDEX 01

PAYEZ CONTRE CE CHEQUE BPF 231,00

deux cent trente et un francs

en lettres

à Mme Christine Differt

21. 44. 06 X Rennes

N° CCP pour virement lettre centre

A Angers le 25 Mars 1992 signature

32

CCP REN 2 122 03 C
CH. N° 92 9015050 C (05)
TÉL. 99 02 65 65

J Rambaud

POUR VOTRE CORRESPONDANCE

Utilisez le cadre ci contre

Ce chèque vous a été remis par l'un de vos débiteurs. Avant de l'envoyer pour encaissement au centre de chèques postaux qui tient son compte, portez dans le cadre ci contre votre cachet ou votre signature.

Le délai de validité du chèque postal est de 1 an

Pour paiement de la facture n° 216 du 4 Mars 92

J Rambaud.

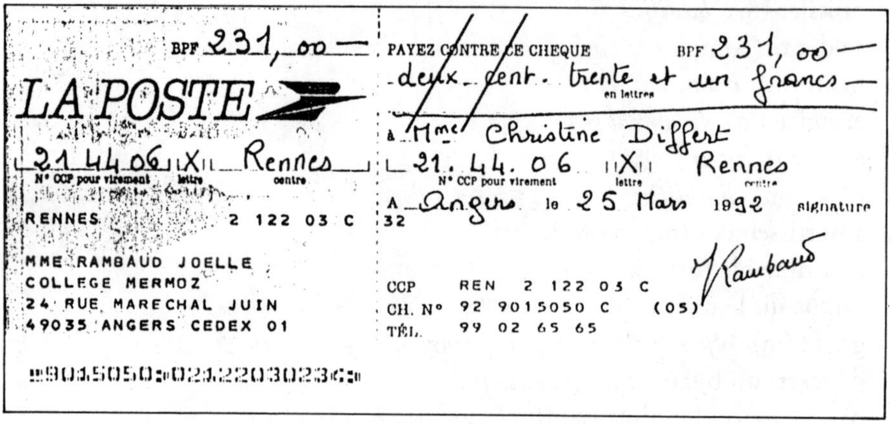

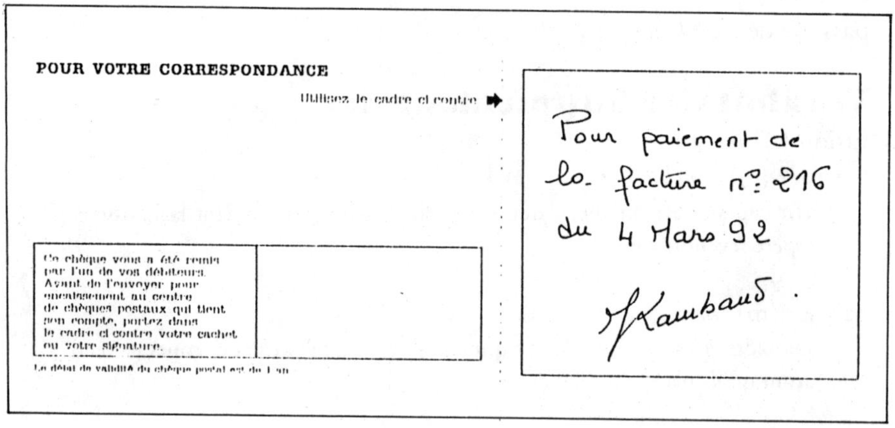

2.   Traduisez

a.   en anglais:

—Ce versement aurait dû figurer sur mon dernier relevé de compte.

—Si je vous versais un acompte aujourd'hui, je pourrais régler le reste par versements échelonnés sur trois mois.

—Combien de temps dois-je attendre pour être sûr que la somme soit virée à mon compte?

—L'actif représente tous les biens que possède la société ainsi que ce qui lui est dû.

—Les titres négociables représentent des investissements sous forme d'actions et d'obligations.

—L'impôt sur le revenu est prélevé directement sur les bénéfices par le fisc.

b.   en français:

—Her account is overdrawn.

—I have opened a deposit account at the nearest branch.

—Please make out this cheque to me.

—With your credit card you may rent a car without leaving a deposit.

—He has issued bad cheques in the past.

—Please debit my account by the relevant amount.

3.   Rédaction de lettre

Vous avez perdu votre portefeuille qui contenait, entre autres choses, votre carte de crédit. Vous avez téléphoné à la banque pour que le compte soit immédiatement arrêté. Vous écrivez maintenant une lettre confirmant la perte de la carte. Indiquez le dernier paiement pour lequel vous l'avez utilisée ainsi que sa date. Demandez que l'on vous envoie un remplacement au plus tôt.

4.   Le bilan

—A quoi sert le bilan?
—Expliquez ce que représentent l'actif et le passif.

5.   Lisez le texte suivant

Il ne faut pas s'y tromper : la loi votée en décembre dernier, réduisant aux seuls escrocs les poursuites judiciaires pour émission de chèques sans provision, est en fait une vraie déclaration de guerre. Le système d'amendes mis au point est féroce. Il devrait éviter qu'à l'avenir six millions de chèques restent impayés (malgré les poursuites) comme ce fut le cas l'an dernier.

Les chèques en bois sont en augmentation de 6 % chaque année. Conséquence, sans doute, d'une meilleure politique de protection sur les autres modes de paiement et en particulier sur les cartes. Résultat : quarante cinq mille chèques rejetés chaque jour par les banques en 1990 ; 75 % pour défaut de provision, 12 % pour pertes ou vols, 13 % pour irrégularités. Les victimes ? Tout le monde ou presque, mais principalement le commerce qui réalise 40 % de son chiffre d'affaires avec des chèques et qui enregistre, de ce fait, une perte sèche annuelle de 1,5 milliard de francs, un chèque sur deux restant, en fin de compte, impayé.

Comment lutter contre ce phénomène qui va en s'accentuant ? Comment s'en prémunir ? Tels étaient quelques-uns des thèmes abordés lors de la journée d'étude organisée par la société de recouvrement EFR, l'Européenne de Finance et de Recouvrement, dirigée par Katherine Nankoff, le 27 septembre dernier. Face à des chefs d'entreprise, des commerçants, des responsables de grandes enseignes réunis dans les salons de l'Hôtel Sofitel à Paris, des spécialistes de la banque, du commerce, de la police judiciaire, des juristes sont venus exposer leur point de vue et apporter des conseils pratiques dans la lutte contre la fraude aux chèques.

Au centre des débats, la loi visant à apporter une solution rapide et concrète au problème des chèques en bois. Il s'agissait de dépénaliser le chèque sans provision et de libérer du même coup les tribunaux de l'accumulation croissante de dossiers, dont le règlement au cas par cas est devenu pratiquement impossible. La plupart des chèques contestés porte sur de petites sommes, ce qui rend leur traitement plus difficile encore.

D'où la volonté du législateur de traiter le problème dans sa globalité.

Ainsi, l'émetteur d'un chèque en bois va payer une amende de 120 francs, par tranche de 1 000 francs de découvert, récupérable par le Trésor Public. L'interdiction bancaire est étendue à tous les comptes du contrevenant, et non plus uniquement au compte à découvert. L'interdiction est maintenue tant que la situation n'est pas régularisée, et pourra donc excéder la durée maximum actuelle qui est d'un an. L'interdiction bancaire est généralisée et rapportée au fichier national des chèques volés et perdus (FNCV) géré par la Banque de France et mis en place depuis le 1er janvier 1991. Peuvent accéder à ce fichier, encore au stade expérimental, les catégories professionnelles à risques : commerçants, artisans, industriels... Ceci en se connectant au réseau 36 15 Résist.

Les nouvelles dispositions devraient donc apporter un mieux sensible. Il n'en demeure pas moins que le vrai remède passe par la prévention. « *Nombre d'incidents pourraient être évités avec un minimum d'attention* », souligne Monsieur Berthelin, inspecteur divisionnaire du cinquième cabinet de police judiciaire, spécialisé dans les faux et fraudes sur documents, qui rappelle justement : « *Il est bien connu que ce sont souvent les ficelles les plus grossières qui passent le mieux* ». Par contrecoup, les précautions les plus simples sont les plus efficaces. « *L'envoi d'un chèque est soumis à quelques règles élémentaires de prudence*, poursuit Claude L'Hostis. *S'il s'agit d'un règlement fournisseur, préférer une enveloppe neutre à une enveloppe à en-tête commerciale, et vérifier son opacité. Il est toujours bon d'écrire ou de téléphoner pour prévenir de l'envoi du chèque et de sa réception. En cas de* problème, cela permet de gagner du temps et d'éviter le pire ». D'une façon générale, pour des versements réguliers, le virement est tout indiqué. On ne l'utilise pas assez. A tort. Opération interne aux banques, le virement est particulièrement fiable, la fragilité du chèque étant en grande partie liée au fait qu'il circule plus ou moins avant d'être effectivement encaissé.

Comment savoir si un chèque est valable ? Quelles vérifications peut faire le bénéficiaire d'un chèque ? D'abord, le format, le papier, la présence et l'emplacement des différentes mentions (nom du tireur, nom, adresse et numéro de téléphone de la banque) sont définis par les normes Afnor. Il y a donc peu de fantaisie dans ces domaines. Il est utile de vérifier, en bas du chèque, la présence de la ligne magnétique divisée en trois parties : à gauche, le numéro du chèque ; au centre, le lieu de compensation ; à droite, le code interne à la banque. Rester attentif à toute altération, décoloration, ratures... Si

le chèque est signé devant vous, se méfier s'il est déjà détaché du carnet, s'il est rédigé en caractères « bâton ». Demander une pièce d'identité : ce n'est pas un abus de pouvoir, mais un droit ; la loi fait obligation à l'émetteur d'un chèque de justifier de son identité. Il y a là une assez bonne garantie, *« encore que,* remarque l'inspecteur Berthelin, *les documents français soient assez faciles à reproduire ou à falsifier ».* Le passeport est, sur ce plan, plus sûr. Parmi les principaux indices pour détecter une fausse carte d'identité : grattage, gommage, photo découpée autour de rivets, absence de cachet sec sur le coin inférieur gauche de la photo, absence de filigrane RF visible par transparence. Attention aux plastifications qui peuvent servir à masquer les défauts d'une falsification.

Impossible à détecter, les « vrais faux » documents délivrés légalement par la préfecture avec une fausse fiche d'état civil. On les retrouve, notamment, dans l'ouverture de comptes qui

Les chèques en bois

Les erreurs à éviter

Chargée de mission auprès de l'Association française des banques, Claude L'Hostis dresse une liste des erreurs à éviter pour se protéger contre le vol ou la perte de chéquier :

▶ **éviter** l'envoi de carnets de chèques par courrier ;

▶ **ne pas prendre** plusieurs chéquiers à la fois ;

▶ **ne pas abandonner** son carnet de chèques dans la boîte à gants ;

▶ **ne pas détenir** dans le même porte-documents le chéquier et une pièce d'identité ;

▶ **ne détacher** les chèques qu'au moment de les remplir ;

▶ **ne pas signer** de chèque en blanc.

Pour se protéger contre la falsification de chèques :

▶ **rédiger** les formules avec soin ;

▶ **neutraliser** les lignes inutilisées ;

▶ **libeller** clairement le nom du bénéficiaire ;

▶ **éviter** les sigles ;

▶ **vérifier** toujours les chèques remplis par les machines ;

▶ **utiliser** une encre résistant à l'effacement : crayon à bille. Ne pas trop appuyer pour éviter le décalque sur le chèque suivant.

servent à encaisser des chèques volés ou falsifiés. Le problème se pose surtout au niveau européen, les banques étrangères, belges ou autres n'étant pas, comme les banques françaises, tenues d'assurer la banque tirée de la qualité du bénéficiaire du compte. A l'heure du marché unique, les risques de dérapage s'amplifient, et il faudra sans doute envisager dans ce domaine une uniformisation des méthodes.

Au-delà du vol, de la perte ou de la falsification des chèques (cas de loin les plus fréquents), on trouve des fraudes plus élaborées. Les photocopies laser haute définition, les reproductions offset donnent à de faux chèques l'apparence de vrais. A deux différences près : le fond de la photocopie n'est pas soluble comme sur la plupart des formules bancaires, et la ligne du bas n'est pas magnétisée.

Mais sans le système de lecture CMC7 dont disposent les banques, on ne peut déceler la fraude. A noter qu'il est également possible de magnétiser la ligne inférieure des chèques. Il s'agit là d'une sophistication extrême de la fraude aux chèques qui n'est pas à la portée du premier venu et, par conséquent, peu courante. Tant il est vrai, qu'en majorité, la fraude aux chèques est surtout le fait de petits escrocs tentés par l'occasion. Occasion qu'il vaut donc mieux ne pas leur donner. Ceci en restant vigilant et en étant conscient qu'en matière de chèque le risque est omniprésent.

Pour cette raison, il est conseillé de ne jamais négliger ou laisser traîner des chèques de petites sommes et de les mettre rapidement à l'encaissement.

Pour les catégories professionnelles les plus exposées, l'inspecteur Berthelin donne un dernier conseil : « *Le chef d'entreprise, commerçant ou prestataire de services qui met bien en évidence, près de l'entrée ou de la caisse, une formule du style "ici, détecteur d'escrocs, de chèques frauduleux", etc, a toutes les chances de décourager les petits délinquants, y compris les émetteurs de chèques en bois et, par là même, de limiter la casse* ».

G.B ■

a. Questions de compréhension:

—Quelles sont les causes de rejet des chèques par les banques?

—Expliquez ce que veut dire 'dépénaliser le chèque sans provision'.

—Pourquoi un virement est-il préférable à l'envoi d'un chèque?

—Quelles sont les précautions les plus efficaces pour éviter la fraude par chèques?

—Donnez des exemples de fraudes élaborées. Comment sont-elles détectables?

b. Etudiez les 'Erreurs à éviter'.
Expliquez ensuite à un autre étudiant, sans regarder le texte, ce qu'il faut faire et ne pas faire.

XIV

VENDRE EN FRANCE ?
EN EUROPE ? ET PLUS LOIN ?

LES INSTITUTIONS EUROPEENNES

Le concept d'une Europe unie qui remonte au début du siècle s'est concrétisé après la seconde guerre mondiale, époque à laquelle de nombreuses organisations européennes ont vu le jour. Parmi les moins éphémères se trouvent l'OECE devenue par la suite l'OCDE et la CECA d'où est issu le Marché Commun.

L'OECE et L'OCDE

L'Organisation Européenne de Coopération Economique a été créée à l'origine pour répartir l'aide américaine dans la période d'après-guerre. Ses objectifs ont rapidement évolué et elle a par la suite dirigé ses efforts vers une libéralisation croissante des échanges au sein de l'Europe. A partir de 1961 cette organisation va prendre une dimension réellement internationale et devenir l'OCDE (Organisation de Coopération et de Développement Economique). Aux dix-huit membres qui avaient constitué l'OECE vont s'ajouter le Canada, les Etats-Unis et le Japon.

L'objectif de l'OCDE est de promouvoir une politique visant à

> réaliser la plus forte expansion possible de l'économie et de l'emploi et une progression du niveau de vie dans les pays membres, tout en maintenant la stabilité financière et contribuer ainsi au développement de l'économie mondiale.
>
> (Convention du 14 décembre 1960, Paris)

La CECA

La Communauté Européenne du Charbon et de l'Acier[*], créée elle aussi aux lendemains de la seconde guerre mondiale, forme une première base de l'Europe fédérale, groupant autour de la France et de l'Allemagne Fédérale la Belgique, le Luxembourg, les Pays-Bas et l'Italie. Le Traité de Paris, que les six Etats signent en 1951, abolit les frontières en ce qui concerne charbon, fer et acier.

Ce début prometteur mènera entre ces six pays à un élargissement de la notion de marché commun qui s'appliquerait à toutes les autres marchandises.

La CEE

Ainsi est née la CEE, Communauté Economique Européenne. Son existence a été ratifiée par le Traité de Rome, signé en 1957 par les six états membres de la CECA. L'objectif de la CEE, qui allait se réaliser par étapes, était de faire tomber les barrières douanières entre les états membres et d'assurer une libre circulation des personnes, des produits et des capitaux. Il était également prévu d'élaborer des politiques communes dans les domaines suivants: politique agricole, régionale, commerciale, sociale et juridique. Chaque état désirant sauvegarder sa souveraineté*, il n'est pas question de former une communauté européenne politique mais de forger des liens économiques entre les pays membres.

Maints problèmes se sont posés dès le début. Quelle serait la capitale de la Communauté? Quelle en serait la langue officielle? En dépit de ces questions épineuses le mouvement des marchandises devient plus aisé, les tarifs s'abaissent, les contingents* disparaissent et la CEE devient petit à petit une réalité. Son succès va inciter d'autres pays d'Europe à briguer l'entrée dans le Marché Commun: le Danemark, la Grande-Bretagne et l'Irlande deviennent membres de la CEE en 1973, la Grèce en 1981, l'Espagne et le Portugal en 1986.

Vers une Intégration Economique Totale. La première phase du Marché Commun a été marquée par l'instauration entre les pays membres d'une **zone de libre-échange*** dans laquelle les droits de douane et les contingents sont progressivement supprimés. Au terme de cette évolution chaque pays reste libre de pratiquer sa propre politique et d'appliquer ses propres tarifs douaniers envers les pays tiers (ceux qui n'appartiennent pas à la zone de libre échange). Ceci veut dire que certaines marchandises peuvent entrer par un pays où le tarif douanier est bas et être revendues dans un autre pays où le tarif douanier est plus élevé pour les mêmes marchandises, obligeant donc les contrôles douaniers internes à rester en vigueur.

L'Union Douanière. L'Union Douanière qui a suivi est l'adjonction à la zone de libre échange d'un tarif extérieur commun qui évite les inconvénients précités. Lorsqu'un tarif commun est établi par les pays de l'Union Douanière envers les pays tiers, les contrôles internes deviennent superflus puisque les droits auront été les mêmes, quel qu'ait été le point d'entrée des marchandises dans l'union douanière.

Le Marché Commun. Le Marché Commun à proprement parler est une union douanière à laquelle s'ajoute la libre circulation des personnes et des capitaux en plus de celle des marchandises.

Dans le sens d'une plus grande libéralisation des échanges on arrive enfin à l'intégration économique totale, qui englobe non seulement l'harmonisation des politiques économiques mais celle de domaines qui la touchent, à savoir les politiques monétaires, fiscales et sociales. Cette phase n'est pas encore atteinte dans la CEE car elle est considérée par certains membres comme une menace à la souveraineté de leur état.

Le Marché Unique. Le 1er janvier 1993 s'est réalisé le marché unique pour l'Europe des douze. Les dernières barrières douanières ou contrôles de capitaux ont été totalement abolis, cela afin de réaliser une situation dans laquelle tout protectionnisme est abandonné en faveur d'une concurrence entre les entreprises ou services de nationalités différentes soumis à des conditions identiques. Les capitaux peuvent circuler librement, permettant de lourds investissements. Les personnes enfin pourront se déplacer d'un pays à l'autre, libres de prendre du travail là où se trouvent les postes.

Il ne suffit pas cependant d'abolir les barrières douanières pour avoir un marché commun. Les rivalités nationales ne peuvent pas être effacées aussi facilement et risquent d'être exacerbées par la concurrence. Dans un climat de compétition il convient de s'assurer que des formes moins directes de protectionnisme ne favorisent pas injustement les produits de certains pays. Ainsi on a vu des exemples de marchandises subventionnées[*] par le pays producteur ou encore des normes de fabrication[*] plus basses dans certains pays rendant leurs marchandises moins chères. Une politique d'harmonisation générale doit donc être mise en place dans les années à venir. En particulier les taux différents de TVA devront être alignés, ce qui entraînera une diminution des rentrées fiscales pour certains pays. Les normes de fabrication devront aussi être unifiées. C'est déjà chose faite dans certains domaines comme celui des jouets, mais il reste beaucoup à faire.

Par delà ces mesures visant à une concurrence interne loyale, il faut voir aussi la rationalisation des ressources et la plus grande compétitivité des produits européens sur le marché mondial. Les politiques précitées qui peuvent paraître purement défensives dans le cadre de l'Europe—chacun se protégeant contre les autres et cherchant sa part du gâteau européen—peuvent être considérées comme politiques d'offensive dans le cadre de la concurrence internationale. Plutôt que d'avoir une multitude de petites usines de nationalités différentes produisant les mêmes marchandises, on peut envisager des regroupements qui rendraient ces entreprises plus fortes, plus compétitives, plus viables. Dans le même esprit d'offensive européenne sur les marchés mondiaux, un label 'made in Europe', qui démontrerait l'unité des membres, est couramment à l'étude.

Pour pouvoir faire face efficacement aux géants de l'industrie mondiale, l'Europe devra aussi apprendre à partager et à regrouper ses investissements. La fragmentation actuelle des ressources doit faire place à une plus grande coopération. On envisage pour ce faire de regrouper les compétences techniques, les banques de données et les ressources destinées à la recherche. Des efforts ont déjà été faits dans cette direction et de nombreux projets européens sont le témoignage du nouvel esprit de coopération. Deux exemples dans des domaines où la concurrence mondiale est particulièrement féroce: le programme ESPRIT en électronique et informatique et le programme RACE dans le domaine des télécommunications.

La formation des Européens de demain n'a pas été négligée. C'est dans ce cadre que sont nés les programmes COMETT et ERASMUS qui apportent une plus grande mobilité aux étudiants à l'intérieur de la communauté européenne en leur offrant des possibilités d'ordre technique, linguistique ou culturel jusqu'alors impensables. La standardisation des qualifications sanctionnera probablement à l'avenir des études devenues vraiment européennes.

L'ECU (European Currency Unit). Une monnaie européenne, l'ECU, a été créée en 1981. Cette monnaie n'est pas une monnaie ordinaire cependant. Il n'est pas possible de se procurer des Ecus à la banque ou de payer son journal en Ecus. L'Ecu est une monnaie d'échange couramment utilisée par les partenaires européens dans la vie économique (contrats, prêts, programmes européens comme Erasmus). A plus longue échéance l'Ecu pourrait former l'élément central d'une politique monétaire européenne commune. Le plan Delors (qui n'a pas fait l'unanimité) envisage la création d'une banque centrale européenne dont l'Ecu serait l'unité commune à tous les pays membres.

Bien des caps restent à franchir pour l'Europe, plus encore dans l'union monétaire que dans le marché unique. A cela s'ajoutent des incertitudes au niveau politique, liées à la géographie de l'Europe. La réunification de l'Allemagne, l'effondrement des régimes communistes et l'avenir de l'ancienne Yougoslavie affecteront le visage de l'Europe de demain.

VENDRE EN FRANCE ET AUX PAYS FRANCOPHONES

La France est un pays prospère qui offre des marchés intéressants à l'exportateur. Le secteur privé peut être une source très lucrative d'exportations étant donné les vastes quantités commandées aux fournisseurs par les grandes surfaces. Le secteur public est considérable en France et peut également offrir des opportunités de ventes aux administrations, aux industries nationalisées, aux écoles, hôpitaux, etc.

Bien des avantages s'offrent à l'industriel britannique qui cherche à exporter en France: la grande stabilité de son marché; la demande de produits britanniques de haute qualité; la proximité de ce marché, qui limite le coût des transports; le réseau de transport intérieur français rapide et sûr; une grande quantité d'informations sur les implantations puisqu'il y a déjà bon nombre d'entreprises britanniques opérant en France; de très bons services de marketing sur place; des études et statistiques toutes prêtes sur le client potentiel et son style de vie. Vendre en France paraît donc être une initiative viable à condition toutefois de tenir compte des avertissements suivants:

- Respecter les délais de livraison

- Offrir une qualité uniforme

- Avoir des points de vente dans le pays même, plutôt que d'attendre que le client commande en Grande-Bretagne

- Offrir un service après-vente et une maintenance efficaces sous peine de perdre rapidement ses clients

- Opérer le plus possible dans la langue de l'acheteur, c'est-à-dire le français. On vend toujours mieux dans la langue de l'acheteur, et en France plus qu'ailleurs. Bien que l'enseignement de l'anglais soit beaucoup plus poussé en France depuis quelques années, les partenaires français préfèrent toujours traiter dans leur propre langue, qu'elle soit parlée ou écrite. Vos chances seront encore accrues si, en plus de la langue, vous connaissez la culture et les coutumes françaises.

Et au-delà de la France?

L'espace français va plus loin que l'Hexagone et comprend les DOM-TOM. Les DOM (Départements d'Outre-Mer): Martinique, Guadeloupe, Guyane et Réunion ont le même statut que les départements métropolitains. Les TOM (Territoires d'Outre-Mer): Polynésie, Nouvelle-Calédonie, Wallis et Futuna ont une plus grande autonomie, tout en restant économiquement dépendants de la métropole. Quelques autres territoires (St Pierre et Miquelon, Mayotte, terres australes et antarctiques) ont également le statut de collectivité territoriale de la République Française.

Au-delà de l'espace français il y a **la francophonie**. La francophonie est l'ensemble des collectivités et des peuples qui parlent le français. Cette langue peut être leur langue maternelle ou la langue qu'ils ont adoptée comme langue officielle ou langue d'enseignement.

La langue française, bien qu'elle n'occupe que la douzième place dans le monde, est la seule avec l'anglais à être utilisée sur tous les continents. Soixante-dix millions de personnes parlent le français comme langue maternelle en Europe (France, Belgique, Luxembourg, Suisse), dans la France d'Outre-Mer et au Canada. Ce chiffre de soixante-dix millions peut paraître assez faible à l'échelle mondiale mais le français est aussi la langue parlée de cent millions d'autres personnes de par le monde. Pour des raisons d'origine coloniale une grande partie de l'Afrique est francophone. La France a une politique de coopération avec 32 états, dont bon nombre d'états africains avec lesquels elle entretient des relations d'aide et d'échanges économiques. Ces pays en voie de développement offrent des marchés dont le potentiel n'est pas négligeable, notamment dans le domaine des biens d'équipement.

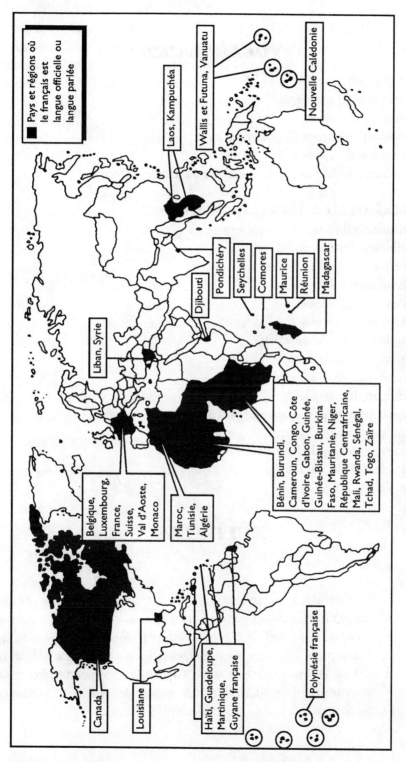

Carte de la Francophonie

VOCABULAIRE

acier (m) *steel*
souveraineté (f) *sovereignty*
contingent (m) *quota*
zone de libre-échange (f) *free-trade area*
subventionner *to subsidize*
normes de fabrication (f pl) *production standards*

Vocabulaire Complémentaire

demande d'information (f) *enquiry*
possibilités (f pl) *facilities*
se mettre en rapport avec *to get on to*
réglementation (f) *regulations*
tendances (f pl) *trends*
en expansion *booming*
valoir la peine *to be worthwile*
commerce mondial (m) *world trade*
nommer un agent *to appoint an agent*
donner un prix *to quote*
marge bénéficiaire (f) *profit margin*
facilités de crédit (f pl) *availability of credit*
concurrence déloyale (f) *unfair competition*
concurrentiel,-le *competitive*
bien placé *competitive*

ACTIVITES

1. Jeu de rôles

    Votre entreprise établie en Grande-Bretagne est prospère et vous
    songez à vous implanter en France. Réunissez autour de vous le
    comptable, le chef de la production et le conseiller en gestion de
    l'entreprise. Discutez les avantages et les problèmes causés par la
    création d'une filiale en France. Chacun(e) devra considérer cette
    possibilité d'implantation du point de vue de sa propre
    responsabilité. Etablissez enfin un plan d'action.

2.   Traduisez en français le texte suivant:

> In 1985 Heads of Government committed themselves to completing the single market progressively by 31 December 1992.
>
> Elimination of trade restrictions will cover the following areas:
>
> - European regulations and standards will mean that products approved in any one Community country can be freely marketed throughout the Community.
> - Progressive opening up of Government and other public body contracts to all Community contractors on an equal basis.
> - More competitive and efficient Europe-wide services in telecommunications and information technology.
> - Most of the red tape on road haulage will go; shipping services between member countries should be provided on equal terms; competition on air routes will increase and fares will be lower. And the Channel Tunnel will open in 1993.
> - Banks and securities houses authorised in their home country should be free to provide banking and investment services anywhere in the Community. Insurers will have greater freedom to cover risks in other member countries. All restrictions on the movement of capital will go.
> - Protection of ideas will become easier through harmonisation of national laws on patents and trade marks.
> - Professional qualifications obtained in one country will be acceptable in all other countries.
>
> **All these advantages of the single market cut both ways – they will create much more competition but also make business life in Europe much easier and create many more market opportunities for businesses of all types and sizes.**

© DTI

3.   Sujets de discussion:

a.   Quels sont à votre avis les atouts de la Grande-Bretagne pour vendre en pays francophones? Quels sont les points faibles?

b.   On dit souvent que la mentalité latine est totalement différente de la mentalité anglo-saxonne. Ceci correspond-il à votre expérience? Ces différences, si elles existent, pourraient-elles avoir des répercussions sur le commerce de la Grande-Bretagne avec la France ou d'autres pays francophones? Si oui, comment y remédier?

4.
POTENTIAL IN EUROPE: FRANCE

OPENING a business in France: No problem.

To run a business in France: The problems start.

Many British citizens think that coming to France to open a business and run it the British way is easy.

Let's see what the "ground rules" are before you start.

Be aware of:

SARL — Societe a responsabilite limitee (Equivalent of a Limited Company). Minimum 50,000 Francs.

Professional Fees (to cover costs such as Notaire, French Stamp Duty and so on) 50,000 Francs.

Minimum total required to set up an SARL 100,000 Francs.

Running costs per annum:

Cost of a modest office and one member of staff: 200,000 Francs, Rental of living accommodation 35,000 Francs, Cost of living per person 45,000 Francs. Total 280,000 Francs.

Comparative costs to those in the UK: Electricity + 30%, Telephone + 25%, Petrol + 20%, Insurance + 30%*.

*Most French Insurance companies are 75% Government owned.

VAT (TVA) Return every two months: 18.6%.

Private vehicle used for business purposes, NOT Tax deductable.

Conclusion: Unless you have a minimum of 500,000 Francs (£50,000) you will find life difficult.

Before allowing any construction/renovation work to be carried out:

DO obtain at least 3 written and signed quotations.

DO employ professional workers/companies — not Amateurs

DO verify their Insurance is in order, or else . . . !

DO check with a Conseil Juridique or Notaire as to the status of the person/company you intend employing.

And in general . . .

DO take out a Bank reference on potential suppliers/clients before your goods are delivered.

DON'T sign any document/contract until you have verified its content and implication.

DON'T accept a cash payment; payment in cash of over 10,000 Francs is illegal.

DON'T employ foreign staff without first checking your own and their insurance cover.

DON'T employ "moonlighters"; if something goes wrong you have no guarantee and no "come back".

DON'T anticipate making a fortune in France if you have not already made one in England.

Mistakes are very costly.

Please remember:

Life is as hard in France as it is in Britain. Do not be over-trusting unless you are satisfied you have the right information; and also remember the French don't trust anyone until they have proved themselves.

"GERANCE" this could be translated as "Manager of" . . . that is correct, except that a "GERANT" is personally and privately liable should anything, unfortunately, go wrong within the company — even if you haven't signed a personal guarantee.

© Normandy News

Résumez en français les principales choses à faire et à ne pas faire si vous voulez que votre entreprise réussisse en France.

5.   Texte de lecture:

Un atout commercial négligé

Une langue n'exprime pas seulement des idées claires et distinctes. Tous ses mots, même les plus courants, sont porteurs de signes et de symboles qui vont bien au-delà de leur stricte définition et de leur exacte relation avec les choses.

A) LANGUE FRANÇAISE ET « TRADITION »

Les études et enquêtes effectuées ces dix dernières années montrent que le mot « France » évoque, outre la richesse culturelle, un raffinement des mœurs et du goût, un classicisme immuable, qui feraient de notre pays une terre de tradition au sens le plus passéiste du terme. C'est ainsi que la France demeure, pour de très nombreux étrangers, le pays des fromages et des vins, de la haute couture et des parfums. Sans nier l'importance de cette réputation de qualité, transmise par des mots évocateurs, il faut déplorer qu'elle conduise à négliger les réussites techniques de notre pays dans nombre de secteurs de pointe.

Modifier ou transformer un imaginaire collectif, surtout lorsque de très nombreux peuples le cultivent, est une tâche longue et difficile. Encore faut-il éviter de le conforter par des expositions qui sollicitent l'image — toujours plus artificielle — de la « douce France » tout en abandonnant à nos concurrents, sans aucun souci du paradoxe, les mots qui expriment notre tradition de qualité. Ainsi, l'analyse des dépôts de marques européennes à l'Institut national de la Propriété Industrielle (en juillet, août et septembre 1984) fait apparaître douze noms à consonance française, dont cinq pour l'alimentation, quatre pour l'hygiène et les cosmétiques, un pour les disques et cassettes, un pour l'habillement et un pour les cosmétiques, un pour les disques et cassettes, un pour l'habillement et un pour le matériel électronique. Par exemple : « Eau vive », « les Poupées », « Tours de Paris », « Laurent » servent à assurer aux produits allemands, hollandais ou espagnols une image proche de celle d'un produit français. Si l'on examine les domaines d'activité concernés, on retrouve l'alimentation (« Crème fraîche », « Double Nature », « Fascination », « Saint Jacques », « Bénéfique »), les cosmétiques et produits d'hygiène (« Mamselle », « Cigale », « Paradis »), la mode (« Petite Fleur » d'origine suédoise, « Pirouette » ou « Verlène » d'origine allemande, « Bijo » d'origine américaine, « Lingerie de Paris », et « 25 ans » d'origine japonaise), moins fréquemment l'automobile (« Prairie », et « Vanette » pour des firmes japonaises, « Le Volant » pour un magazine automobile japonais) et rarement les produits industriels (« Etre » pour des appareils médicaux hollandais).

Il apparaît donc que, dans les secteurs traditionnels, l'Allemagne, le Japon, puis les États-Unis utilisent de façon notable les mots français. Au contraire, les Italiens ont privilégié leur propre langue pour donner à leurs produits une image originale. Il n'est que de comparer l'industrie du prêt-à-porter en France et en Italie pour constater la différence d'attitude entre les fabricants des deux pays. Alors que les fabricants italiens cherchent à trouver et à imposer une spécificité (Armani, Smalto, Missoni, Cerruti) les fabricants français masquent souvent une originalité réelle derrière un nom passe-partout mais de consonnance anglo-saxonne afin de donner l'apparence du modernisme : par exemple les vêtements de sport et de ville Mc Gregor, les chaussures Weston, les imperméables K.Way. Les produits français de la parfumerie et de la mode sont ainsi fortement concurrencés, non par des producteurs qui ont cherché à imiter la spécificité française, mais par les Italiens dont l'identité, sur le plan des produits, ne saurait être confondue avec celle de la France. La stratégie retenue par les créateurs de mode japonais est de plus en plus identique et les résultats sont déjà probants (Kenzo, Suziklo, Kashiyama). Alors que l'imitation semble condamner celui qui la pratique à être toujours inférieur à son modèle, trop de créateurs français s'affublent de patronymes étrangers (italiens ou américains) pour donner l'impression du « style » ou de la « modernité ».

B) LANGUE FRANÇAISE ET PRODUITS MODERNES

Qu'il s'agisse des enseignes de magasins, des messages publicitaires, des noms de produits ou de sociétés, le monde de l'informatique, de l'électronique, de la communication, des média est, en France, envahi par les vocables étrangers, le plus souvent anglo-saxons. Ainsi « Electronics », « Ludo-tronic », « Booster », « Decider's » (cabinet de conseil), « Soft », « Run » (magazines d'informatique) alors que les producteurs français sont tout à fait capables de signifier leur originalité. Inversement, les producteurs étrangers utilisent fréquemment des références françaises (« Déjà vu », « Intact », « S'il vous plaît » pour des matériels, des journaux, des montages audiovisuels et même des sociétés de programme, « Première » au Japon). En s'ingéniant à fabriquer une image faussement moderniste qui se confond avec celle de produits concurrents, les producteurs français négligent l'atout que représente l'application aux techniques de pointe de l'image traditionnelle de qualité véhiculée par la langue française. Le cas du « Concorde » est à cet égard significatif puisqu'un cabinet britannique avait établi que le nom de cet avion devait prendre un « e » final afin d'exploiter l'image de qualité attachée au mot français.

Ce souci exprimé par nos partenaires britanniques semble avoir échappé à la SEITA, lorsqu'elle a décidé de commercialiser une cigarette blonde et de rivaliser, sous la marque « News », avec des produits totalement identifiés dans l'esprit des consommateurs à l'Angleterre et aux États-Unis. La disparition de la référence au goût français, très apprécié par certains fumeurs étrangers, a entraîné l'échec de ce produit, au contraire de celui qui était présenté sous l'étiquette « Gauloise blonde ».

Il faut d'autre part souligner que la coloration anglo-américaine donnée à certains produits se fait **au prix de contre-sens et d'inventions** qui montrent la méconnaissance ou le profond mépris de la langue qu'on est censé utiliser : par exemple le « brushing » des coiffeurs se dit « blow dry » dans les pays anglo-saxons, le « lifting » pratiqué par les esthéticiennes doit être traduit par « face lift »...

Dans une société marchande qui se préoccupe beaucoup de la question de l'« image de marque » et qui vante l'excellence de ses messages publicitaires, il est surprenant que le choix de la dénomination des produits soit aussi peu réfléchi.

Certes, comme le remarque M. Claude Hagège, tout commerçant recherche « l'expressivité par l'inédit », ce qui signifie que le nom du produit doit séduire par son originalité et sa capacité d'évocation. C'est pourquoi le « show room » l'emporte sur le magasin, l'« attaché-case » sur la mallette — tandis que le sort du baladeur face au « walkman » reste indécis et que la victoire du mâchouillon sur le « chewing-gum » est improbable malgré la qualité de la trouvaille.

Il reste que, dans le domaine commercial, trop de mots et de textes ne parviennent pas à émerger de la banalité inexpressive et de l'incompréhensible jargon — quand il n'y a pas abandon pur et simple de l'usage de la langue française. Ainsi :

— il n'est de l'intérêt de personne, ni des voyageurs français ni des voyageurs étrangers qui ne sont pas nécessairement anglophones, que le langage des compagnies aériennes soit émaillé de termes tels que « Air-Pass » ou « Stop-over ». De même, il est étrange qu'une circulaire de la Coface soit rédigée en langue anglaise à l'intention de la mission française de coopération au Rwanda, ou qu'une brochure émanant de la « Conférence des Grandes Ecoles » vante en anglais lesdites grandes écoles auprès du public espagnol ;

— la relation entre dénomination « américaine » et modernité est moins fondée qu'il y a vingt ou trente ans et risque de s'estomper ou de paraître désuète dans un avenir proche, tant le souci de l'identité nationale est aujourd'hui clairement affirmé par des pays qui font preuve d'un grand dynamisme industriel et commercial et qui deviennent ou vont devenir aussi représentatifs de la modernité que les États-Unis ;

— l'affirmation par un pays de son identité n'exclut pas, mais au contraire tend à susciter, l'intérêt et le goût pour l'identité d'autrui. S'il est vrai que la recherche de l'authenticité est un des principaux motifs des voyages touristiques, il est regrettable que notre pays offre à ses visiteurs trop de produits surchargés d'une image étrangère qui leur paraît naïvement complaisante ou franchement ridicule (le pays de la gastronomie donnant à déguster des « love cheese burgers »), ou par trop familière. Les études réalisées sur ce point montrent en effet que les touristes regrettent, pour un tiers d'entre eux, de ne pouvoir ramener chez eux des produits entièrement français, et que 40 % d'entre eux sont désorientés par l'usage excessif de l'anglais dans les commerces ;

— ce souci de l'identité n'implique aucune fermeture. D'abord parce que les étrangers recherchent ce qui est spécifique au pays qu'ils visitent. Ensuite parce que l'usage de termes français n'exclut pas que des informations sur les produits soient données simultanément dans plusieurs langues. Il est temps de s'apercevoir que notre pays n'accueille plus seulement des Britanniques appréciant les bains de mer à Dinard, Deauville et Nice. Allemands, Italiens, Espagnols, Portugais et citoyens des différents pays du Maghreb qui viennent visiter notre pays, y acheter ou y travailler ont, tout autant que les anglophones, le droit d'être informés dans leur langue.

© C.C.I.P.

SIGLES ET ABREVIATIONS

AG	Assemblée générale annuelle
ANPE	Agence Nationale pour l'Emploi
ASSEDIC	Association pour l'Emploi dans l'Industrie et le Commerce
BP	Boîte postale / brevet professionnel
BPF	Bon pour francs
BT	Brevet de technicien
BTS	Brevet de technicien supérieur
CA	Chiffre d'affaires
CAF	Coût Assurance Fret
CAO	Conception assistée par ordinateur
CAP	Certificat d'aptitude professionnelle
CB	Carte bancaire
CCI	Chambre de Commerce Internationale
CCIP	Chambre de Commerce et d'Industrie de Paris
CCP	Compte courant postal / compte chèque postal
CE	Comité d'entreprise
CECA	Communauté Européenne du Charbon et de l'Acier
CEDEX	Courrier d'entreprise à distribution exceptionnelle
CEE	Communauté Economique Européenne
CFA	Franc utilisé en Afrique
CFDT	Confédération Française et Démocratique du Travail
CFR	[Cost and freight]
CFTC	Confédération Française des Travailleurs Chrétiens
CGC	Confédération Générale des Cadres
CGT	Confédération Générale du Travail
CI	Certificat d'importation
Cie	Compagnie
CIF	[Cost insurance freight]
CNPF	Conseil National du Patronat Français
CNRS	Centre National de la Recherche Scientifique
CODER	Commission de Développement Economique Régional
CV	Curriculum vitae
DAB	Distributeur automatique de billets
DAF	[Delivered at frontier]
DDP	[Delivered duty paid]
DDU	[Delivered duty unpaid]

DDU	[Delivered duty unpaid]
DEQ	[Delivered ex quay]
DEX	[Delivered ex ship]
DOM	Département d'Outre-Mer
EDF	Electricité de France
Ets	Etablissements
EURL	Entreprise unipersonnelle à responsabilité limitée
EXW	[Ex works]
FAS	[Free along ship]
FB	Franc belge
FCA	[Free carrier]
FF	Franc français
FG	Frais généraux
FMI	Fonds Monétaire International
FO	Force Ouvrière
FOB	[Free on board]
FS	Franc suisse
GDF	Gaz de France
HT	Hors taxes
INSEE	Institut national de la statistique et des études économiques
M	Monsieur
Mlle, Melle	Mademoiselle
Mlle, Melles	Mesdemoiselles
MM	Messieurs / Marine Marchande / Messageries Maritimes
Mme	Madame
Mmes	Mesdames
Mr	Monsieur
N/, n/	Notre
NF	Normes françaises
NPI	Nouveaux pays industrialisés
OCDE	Organisation de Coopération et de Développement Economique
OECE	Organisation Européenne de Coopération Economique
OMS	Organisation Mondiale de la Santé
ONU	Organisation des Nations Unies
OPA	Offre Publique d'Achat
OPEP	Organisation des Pays Exportateurs de Pétrole
OS	Ouvrier spécialisé
OTAN	Organisation du Traité de l'Atlantique Nord
PA	Petites annonces
PDG	Président-directeur général
PIB	Produit Intérieur Brut
PJ	Pièce(s) Jointe(s)
PLV	Publicité sur le lieu de vente

PME	Petites et Moyennes Entreprises
PMI	Petite et Moyenne Industrie
PNB	Produit National Brut
P et T	Postes et Télécommunications
PTT	Postes Télégraphes Téléphones
RATP	Régie Autonome des Transports Parisiens
RC	Registre du Commerce
RF	République Française
RN	Route nationale
RSVP	Répondez s'il vous plaît
SA	Société anonyme
SARL	Société à responsabilité limitée
SAV	Service après-vente
SERNAM	Service National des Messageries
SGDG	Sans garantie du gouvernement
SICAV	Société d'Investissement à Capital Variable
SME	Système Monétaire Européen
SMI	Système Monétaire International
SMIC	Salaire minimum interprofessionnel de croissance
SNCF	Société Nationale des Chemins de Fer Français
SOFRES	Société Française d'Enquêtes par Sondages
Sté	Société
SVP	S'il vous plaît
TDC	Tarif Douanier Commun
TGV	Train à grande vitesse
TIR	Transports internationaux Routiers
TOM	Territoires d'Outre-Mer
TSVP	Tournez s'il vous plaît
TTC	Toutes taxes comprises
TVA	Taxe à la valeur ajoutée
UNEDIC	Union Nationale pour l'Emploi dans l'Industrie et le Commerce
URSSAF	Union pour le recouvrement des cotisations de la Sécurité Sociale et des allocations familiales
V/, v/	votre
VPC	Vente par correspondance
VRP	Voyageur de Commerce, représentant, placier
ZA	Zone artisanale
ZI	Zone industrielle
ZUP	Zone à urbaniser en priorité

BIBLIOGRAPHIE

Baranger, P.
    1987   *Gestion de la production*, Vuibert, Paris.
Bouquerel, F.
    1974   *L'étude de marchés au service des entreprises*, PUF, Paris.

Capet, M.
    1986   *Diagnostic, organisation et planification de l'entreprise*, Economica, Paris.
Chatagner, F. et B. Allain,
    1983   *Les banques*, Hatier (Profil), Paris.
Costa, J.-P. et Y. Jegouzo,
    1988   *L'administration française face aux défis de la décentralisation*, Editions STH, Paris.
    1989   *Data*, Larousse, Paris.

Dayan, A.
    1985   *Marketing*, PUF, Paris.
Deroo, M. et A.-M. Dussaix,
    1985   *Pratique et analyse des enquêtes par sondage*, PUF, Paris.
    1990   *Données sociales*, INSEE, Paris.

Helfer, J.-P. et J. Orsini,
    1983   *Marketing*, Vuibert, Paris.

Lambin, J.-J et R. Peeters,
    1977   *La gestion marketing des entreprises*, PUF, Paris.
Leknisch, J.-P
    1985   *La communication dans l'entreprise*, PUF, Paris.
Lennuier, C. et R. Lignières,
    1981   *La communauté économique européenne*, Hatier (Profil), Paris
Lyne, A.A.
    1992   *Business French, keywords in context*, Hodder and Stoughton, London.

Magliulo, B.
    1983   *Les petites et moyennes entreprises*, Hatier (Profil), Paris.
Mermet, G.
    1989   *Francoscopie*, Larousse, Paris.

Négro, Y.
    1985   *L'étude du marché* , Vuibert, Paris.

Paveau, J. et D. Ravaud,
    1988   *L'offre*, Foucher, Paris.
Piquet, S.
    1981   *Publicité*, Vuibert, Paris.

Reix, R.
    1986   *Parler bureautique*, Foucher, Paris.
    1990   *Tableaux de l'économie française*, INSEE, Paris.

Sarhan, J.-M., B. Barraine, G. Terlier et J.-M. Gueit,
    1988   *La prospection*, Foucher, Paris.
Simon, H.
    1983   *Administration et processus de décision*, Economica, Paris.

PERIODIQUES

Les Cahiers Français
Capital
Les Echos
Enseignement et Gestion
L'Entreprise
L'Expansion
Le Français commercial (CCIP)
Informations Entreprises
Informatique et Entreprise
Le Monde
Le Nouvel Economiste
Le Nouvel Observateur
Revue Economique
Revue Française de Gestion
Science et Vie - Economie
Stratégies
La Tribune de l'Expansion
La Vie Française

DICTIONNAIRES

Brémond, J. et A. Gélédan,
    1990   *Dictionnaire économique et social*, Hatier, Paris.
Collins-Robert French Dictionary,
    1987   Collins, London.
Coveney, J. and S. Moore,
    1972   *Glossary of English and French management terms*, Longman, London.
Gilbert, P.
    1980   *Dictionnaire des mots contemporains*, Robert, Paris.
Harrap's French and English Business dictionary,
    1981   Harrap, London.

Marcheteau, J.
    1988   *Dictionnaire économique, commercial et financier*, Presses Pocket, Paris.
Robert, P.
    1986   *Dictionnaire de la langue française*, SNL, Paris.
Le Robert & Collins du Management
    1992   Dictionnaires Le Robert, Paris.

INDEX